[日] 下村湖人 著
崔人元 译

日本教育家写给青少年的

论语故事

論語の物語

The Story
of the Analects of
Confucius

花山文艺出版社
河北·石家庄

图书在版编目（CIP）数据

论语故事/（日）下村湖人著；崔人元译. —石家庄：花山文艺出版社，2021.9
ISBN 978-7-5511-5803-9

Ⅰ.①论… Ⅱ.①下… ②崔… Ⅲ.①儒家 ②《论语》—通俗读物 Ⅳ.①B222.2-49

中国版本图书馆CIP数据核字(2021)第097942号

| 书　　名：论语故事 |
| 著　　者：[日]下村湖人 |
| 策　　划：张采鑫　崔正山 |
| 责任编辑：张采鑫　李　鸥 |
| 特约编辑：柯琳娟 |
| 责任校对：李　鸥 |
| 装帧设计：好天气工作室 |
| 美术编辑：胡彤亮 |
| 出版发行：花山文艺出版社（邮政编码：050061） |
| （河北省石家庄市友谊北大街330号） |
| 销售热线：0311-88643221 |
| 传　　真：0311-88643234 |
| 印　　刷：北京天宇万达印刷有限公司 |
| 经　　销：新华书店 |
| 开　　本：787×1092　1/16 |
| 印　　张：18 |
| 字　　数：207千字 |
| 版　　次：2021年9月第1版 |
| 　　　　　2021年9月第1次印刷 |
| 书　　号：ISBN 978-7-5511-5803-9 |
| 定　　价：58.00元 |

（版权所有　翻印必究·印装有误　负责调换）

目 录

第一辑　子贡的故事

　　富人子贡 /003

　　瑚琏 /011

第二辑　子路的故事

　　子路强辩 /021

　　子疾病，子路请祷 /027

第三辑　孔子在鲁国

　　子入太庙 /035

　　子语鲁大师乐 /044

　　孟懿子问孝 /051

　　阳货赠豚 /059

第四辑　孔子周游列国

　　天之木铎 /067

子畏于匡 /075

宁媚于灶 /087

司马牛之忧 /096

孔子与叶公 /103

在陈绝粮 /112

第五辑　隐士大团结

子击磬于卫 /125

子路问津 /130

第六辑　孔子与弟子

宰予昼寝 /143

申枨之欲 /150

伯牛有疾 /154

画地以自限 /161

犁牛之子 /169

一以贯之 /178

觚不觚 /188

言志 /191
行藏之辩 /197

第七辑　孔子私家像

异闻 /209
子在川上 /220
泰山其颓 /224

附　录

孔子传略 /243
《论语》的价值 /259
《论语》的思想系统 /261
《论语》中的人物 /264

译者后记 /274

第一辑 子贡的故事

富人子贡

子贡曰:"贫而无谄(chǎn),富而无骄,何如?"子曰:"可也。未若贫而乐,富而好礼者也。"

子贡曰:"《诗》云:'如切如磋(cuō),如琢(zhuó)如磨。'其斯之谓与?"子曰:"赐也,始可与言《诗》已矣!告诸往而知来者。"

——《学而篇》

参考语译

子贡问道:"贫穷而不逢迎谄媚,富有但不骄纵傲慢,这样子如何?"孔子回道:"还行吧。但还是不如贫穷而乐于行道,富贵而崇尚礼义。"

子贡说:"《诗经》上说:'就像修整骨器切了还要磋,打造玉器琢了还要磨。'您说的就是这个意思吧?"孔子很高兴地说:"端木赐啊,从今天开始,我可以跟你谈论《诗经》了!因为告诉你过去的事情,你就可以推出将来发展的趋势。"

子贡挺直了胸膛,深深地吸着周遭清新的空气,悠悠然地阔步前行。最近一段时间,他官运亨通,财运也是一天比一天发达,一想到这些美事,他的身心就无比畅快。

夫子曾屡次当着诸多同门的面赞美颜回说:"贤哉!回也。一箪(dān)食,一瓢饮,在陋巷,人不堪其忧,回也不改其乐。贤哉!回也。"(颜回真是个贤良的人啊!每天就用一只箪吃些粗饭,用一把瓢喝点淡水,住在贫民区的破房子里,别人都忍受不了这种清贫,而颜回却能安于清贫,坚守正道而乐在其中。真是了不起啊!颜回了不起啊!)又说:"回也其庶乎!屡空。"(颜回啊,他的道德学问修养不错了!可他经常是两手空空,身无分文。)

子贡内心就犯了嘀咕,不禁猜想,夫子对于像我这样,不安贫乐道,而喜欢靠做生意发财的人,是否不大欣赏啊?可是经商理财,靠着正当的经营致富,有啥不好呢?依我看来,贫穷本身就是一种罪恶,反之,富裕就是一种善德。经济上没有了后顾之忧,才能专心致志地求学。何况财富能硬人腰杆壮人胆,更重要的是与人相处时也显得大大方方,自己做起事来也方便多了。记得我从前贫困的时候,在他人面前的确不能像现在这样泰然自若,自信满满的。

子贡想起几年前自己贫困的时期,好几次把头摇个不停:"想当年,我在贵人、长者们面前,总感觉很尴尬(gān gà)不自在。虽然我并不以自己的贫穷为耻,也并不因为这一点儿小问题而柔弱退缩，心怀自卑感。我认为自己在安处贫穷这一方面的态度，绝不比子路差。我那时候之所以拘谨不安，是因为担心自己的行止让别人觉得有谄媚之嫌。因为担心，既怕自己表现出贪求，又怕对金钱过于矜持（jīn chí），所以，不知不觉中举止都不自然了。那种不正常的自我想法，如今回想起来，就觉得自己那时很可笑，不过那是贫穷造成的，可是又有啥办法呢？总之，谁也不会愿意甘于贫穷吧！"

"虽然如此……"子贡忽然举目四顾，复又自言自语道，"无论如何，我没有谄媚过任何人，这是千真万确的事实。就这一点来说，我敢大声说自己是处贫有道。对此，夫子也是认可的，不会有什么异议吧。"

子贡一边想，一边往前走，不经意间已经来到了孔子的家门口。

子贡看到门外有三个年轻的弟子很恭敬地站着。他们正要进门的时候，看到子贡来了，就一起止住了脚步，似乎在等着他。三个年轻人和数年前的子贡一样，都是贫寒人家出身。

子贡走过来的时候，他们都向子贡致以师门之礼；子贡也恭恭敬敬地还礼。大家互相揖让之后，便按照年龄的次序进门。按年龄与资历，不用说，子贡是他们的师兄，算是前辈了。

在跨入大门的那一刻，子贡心想："夫子曾经说'贫而无怨，难；富而无骄，易'，但我不认为'富而无骄'比'贫而无怨'更容易做到。相反，我认为'富而无骄'比较难以做到。无论从哪一方面来说，我认为现在自己确实能够做到富贵却不骄傲，甚至现在我正是'富而无骄'的好典型呢。"

子贡走进大堂的时候，他的脸上像沐浴着阳光一样光彩熠熠（yì

yì)的,他也感觉到自己容光焕发。进入光线微暗的教室里,许多同学们正肃然端坐;他们苍白的脸色像微弱的星光,轻轻洒落到子贡的眼底。子贡看到端坐的孔子,却好像一颗神秘的巨星一般矗立(chù lì)在同学们当中。这时,子贡不禁有点紧张起来,觉得自己过于张扬了。怀着忐忑(tǎn tè)的心情,子贡照例向孔子行过礼,找到自己的位子坐下来。跟他一同进来的三位孔门弟子,也在教室的角落里,找到各自的位子坐下。

大家正在热烈讨论着"礼"的问题。看来已经讨论了一段时间了,但还在认真地讨论着。今天大概是自由讨论的性质,孔子先不发表具体的意见,任由门人弟子们畅所欲言,认真倾听着大家的发言。但是每逢弟子的主张太偏颇,或者观点明显错误时,孔子绝不轻易放过他们。虽然孔子的批评无论何时何地都很严厉,但严厉中饱含着温暖无比的慈爱。

在善于言辞方面,子贡无疑是孔门弟子中的佼佼者,但他今天却意外地保持着沉默。因为他并没有注意听着每一位同学的意见,他的心里正萌生着一个强烈的意愿,就是如何把他刚才在路上所想的事情,用最美妙的言词讲给大家听听。

"子贡,你的意见怎么样?"孔子把目光投向子贡问道。

子贡突然听到孔子如此问他,当下愕然(è rán)一惊。但他立刻想到,不可失去良机。他以前每遇到困难的问题时,总是等到没有别的同学在场的时候,才去请教孔子。因为他不愿意在许多同门面前丢了面子。但子贡今天信心十足。他认为今天要提出来讨论的问题,是自己亲身体验过的。没有预先经过孔子的指导,全靠自己思考而形成的看法,今天能在孔子和许多同门面前公开展示,这不能不让子贡在内心感到得意。可是出于谦逊与礼貌的考虑，他尽量控制着情绪，回答道："等诸位讨论完了，我有别的问题想请教夫子……"

孔子说："是吗？……各位讨论得也差不多了，该换换话题了。"

子贡听了非常高兴，孔子此话正合其意。可是子贡并不急着发表意见。他想，不要让别人看到自己得意的样子。

"你到底想说什么？"看到子贡欲言又止的样子，孔子问道。

口才甚好的子贡这才直起身来，流利地说："我近来对一个人如何身处于贫与富这个问题做过深入思考，并结合自己的体验，有了一些心得。我觉得'贫而无谄，富而无骄'是最理想的境地。如果能够做到这一点，那么这个人的修养已经达到了完美的地步。"

"嗯，这一点和我们刚才所讨论的'礼'的问题，关系非常密切……那么，你说你已经做到了'贫而无谄，富而无骄'？"

"那要请夫子和诸位同学指正了。"子贡听到孔子这句话，脸上显露着充分的自信回答道。同时，他还偷偷地向刚才一起进来的三位年轻弟子瞄了一眼。

"贫与富两种境遇都亲自体验过的人，说起来，在众弟子中只有你一个。"

听到孔子这句话，子贡觉得好像在揶揄（yé yú）他。可是，子贡深知夫子是不会随随便便就笑话人的，又立刻觉得夫子是在委婉地赞扬他。

"'贫而无谄，富而无骄'，我都知道。"孔子说这一句话时，语气稍稍加重了些。这使得子贡觉得在言词上虽是赞许他，但在声调上又好像感觉到了挨批似的难受。

"好了，好了。"孔子的语气越来越严肃。子贡这时候已经感到孔子责备的语气了。

"不过——"孔子接下来说,"对你来说,贫穷的确是一个大不幸!是不是?"

子贡不知怎样回答才好。今天在路上还一直觉着"贫穷本身就是罪恶"。可是,一到孔子面前,听到孔子直截了当地问他,他竟然不知咋的没敢把自己的意见直接说出来。

"你从前贫困的时候,为了不谄媚他人,吃过不少苦头。现在你又为不骄于人而煞费苦心哩。"

"是的。我认为自己不骄、不谄这两方面做得还好……"

"的确不错。我刚才也这样讲过。不过,你这么努力,只是勉强做到了不骄不谄,在你内心深处岂不是仍然存留着骄慢与谄媚?"

孔子的话如同在子贡敏感的头脑里刺入一把利刃,让他觉得相当难受。孔子接着又说:"当然我不反对你的主张。这种对于贫富的态度虽好,可是还不是最高的境界。对于贫富态度的最高境界,必然是超越贫富的观念。你为了要做到不谄不骄,而下了不少苦心,克制自己,是因为你心里仍然存着看重贫富差异之故。因过分关心贫富差异的缘故,自然不知不觉中拿贫富作为标准来衡量比较他人和自己。将贫富当作人生的价值取向,结果便产生了骄傲自大与自卑谄媚。因此,就为了克服自卑与骄气而不得不苦心用功。是不是这样呢?"

子贡木呆呆地听着孔子的告诫,心内的想法翻腾着。

"那么,怎样才能够超越贫富的观念呢?简单地说,应该把贫富之命委之于天,专心乐道好礼才是。道,不是消极性的,也非功利性的,所以它不会受到贫富及任何境遇的影响。为了乐道而求道,为了好礼而学礼,要有积极的求道心,方能在任何境况下虚心善处,随遇而安。颜回能够做到这个地步,真是一个贤者。到达这种境界的人,对于'贫而无谄,富而无骄',还算是问题吗?"

"夫子,我明白了。"子贡认识到了自己见解的浅薄,甚至还曾想将自己的浅见秀给同学们听,是多么轻浮啊!孔子的告诫,让子贡心生感激的同时,羞愧之感也涌上心头,他不禁低下了头。

教室里长时间地一片静寂,大家都沉默无声,听着孔子的教导。

这时,一阵吟诗声,不知从何处轻轻地传来。子贡感到众人似乎仍旧在注视着他,不免有些紧张。可是听到吟诗的声音,他的脑海里忽然浮现出《诗经·卫风·淇奥(qí yù)》里的一句诗:"如切如磋,如琢如磨。"直到现在,他总是把这诗句理解为比喻工匠雕刻象牙或是打磨珠玉之苦,以象征一个人陶冶人格之难。当然,这个解释也没有错。但是,子贡忽略了这句诗中最重要的一点,那就是工匠们的一颗艺术之心,即对工作要精益求精,并乐在其中,从工作的劳苦中——不,从劳苦本身也能领悟生命的自强不息与心灵的和乐喜悦。艺术并不是一种技术手段,同样,求道也并不是处世之术。正如工匠在工作时能从艺术之中得到生命的喜悦那样,求道的人应该只管虚心求道并体会得道的喜乐。直到今天,从这一句诗里,从工匠切磋象牙琢磨玉石的工作中,还只是有劳苦而非快乐的启迪,这是多么肤浅啊!

这样想着,子贡不禁抬起头望向了孔子。并且,这一句诗,不由自主地从口中吟咏出来。子贡在这个时候,已经没有时间再想过去的愚昧,现在,他由于得到了新的启发而兴奋不已。

吟罢诗句,子贡说:"夫子刚才一直在阐释的,不正是这句诗的精神吗?"

孔子听罢，满脸微笑着答道："端木赐呀，你说得很好。这样才能够和我一同谈诗啊！诗的内涵是非常深奥的，所以，若非具有百折不挠的热忱精神的人，是很难探取其精髓的。告诉你过去一件事情的道理，你就能领悟到另一件事情的道理。你好像能够做到这一点。"

子贡突然得到孔子的嘉勉，暗自欢喜，差一点儿又以满脸得意的神情环视大家，但是他又勉强把它压制住了。

瑚琏

子谓子贱:"君子哉若人!鲁无君子者,斯焉取斯?"

子贡问曰:"赐也何如?"子曰:"女(rǔ),器也。"曰:"何器也?"曰:"瑚琏也。"

——《公冶长篇》

参考语译

孔子评论子贱说:"这个人真是个君子呀!鲁国如果没有君子的话,他是从哪里学到这种品德的呢?"

子贡问孔子:"我这个人表现如何?"孔子说:"你呀,好比一种器具。"子贡又问:"是什么器具呢?"孔子说:"是宗庙里贵重的瑚琏。"

"子贱，君子哉若人！"在子贡面前，孔子不断称赞宓子贱（fú zǐ jiàn）的德行。

子贱的年纪较子贡小十八岁（这一年龄据《孔子家语》，而非《史记·仲尼弟子列传》所说的小一岁）。子贱最近治理鲁国的单父（chán fù，今山东单县南），每日弹琴鼓瑟，并不怎么过问政事，而单父却是大治，一片兴旺繁荣。师兄巫马期是子贱的前任官员，他以前主政单父时，据说每天都是废寝忘食，清晨天还未亮时就坐府问事，直到晚上繁星满天时才回去休息，可是却没有子贱治理得那般好。

因此，有一天，巫马期问子贱："你的秘诀到底在哪儿？"

"我只是注意到怎样去用人，而你却什么事都自己去做，落得事倍功半。"子贱这样回答他。

这件事情传到了孔子的耳朵里，孔子听了心里很高兴。他觉得子贱虽然很年轻，却能够以德政治理老百姓，并且已经做到任人而放逸，达到无为而治的境界。

但是，孔子当面大加称赞年轻的子贱，对子贡来说却不是件很爽心的事儿。子贡甚至觉得孔子是有意在奚落自己。

"我已四十多岁了，却从来没有得到像夫子对子贱那么热烈的称赞。直到今天，夫子给我的训诫，远远比表扬多哩。"

子贡想到这里，心里就涌满了无限的悲伤，不知不觉就陷入了沉思。自从年轻时到现在，从孔子那里所学到的教诲，又一次在他脑海里回旋着。

记得有一次,子贡向孔子说:"我不要别人把我所不愿意的事加在我身上,我也不要把同样的事加到别人身上。"(我不欲人之加诸我也,吾亦欲无加诸人。)

孔子听了便直截了当地说:"端木赐啊!这完全是仁人的功夫,还不是你所能做得到的哟。"(赐也!非尔所及也。)

子贡回想起当时的情景,内心至今仍会燃起一把怒火。

又有一次,孔子问子贡:"好学方面,你自信能胜过颜回吗?"(女与回也孰愈?)

孔子平常当着众多弟子,多次说子贡不及颜回敏锐。现在孔子竟然将颜回和他相提并论,这使得子贡内心难免有点儿小小的得意。可是,要直接回答孔子的这个问题,却是很不好意思的。当然不可以说:"我相信会胜过他!"虽然满肚子实在有点儿不服气,想要"哼"他一声。可是怎么敢说呢?毕竟,这样做违背了谦虚的美德,如果自认不输给颜回,不是等于连孔子也不放在眼里了?因此,子贡不知道怎样回答孔子才好。虽然孔子有时训诫他说:"当仁,不让于师。"可是现在对于这件事情却不能这样去理解,况且情形也不尽相同。子贡心中虽然很是不满意,却不得不遵守谦逊的美德,小心翼翼地回答:"我端木赐哪里敢和颜回相比呢?我不过懂一知二,可是颜回能够懂一而知十啊。"(赐也,何敢望回?回也闻一以知十,赐也闻一以知二。)

这时孔子好像预先就知道子贡的回答似的,说:"当然了,你远不如颜回敏感嘛。你了解自己的能力,并且答得很老实。"(弗如也!吾与女,弗如也!)

子贡心想,夫子这样说,就如同是只夸他擀(gǎn)的饺子皮儿好，却嫌包的饺子馅儿太少。子贡懊丧极了。

在子贡的记忆里，让他最不爽的莫过于这件事情：有一天，他和几位同学正在兴高采烈地批评别人的过失，被孔子偶然听到了，于是就被夫子告诫一顿："端木赐啊，你的德行已经很好了吗？要是我，可没有那么多无聊的时间，去评论别人的过错。"（赐也，贤乎哉？夫我则不暇！）

不过，在子贡看来，再没有像孔子那样喜欢批评人家的了。其他弟子在批评别人的时候，孔子都会给予评论。"可是，为什么夫子独独不肯轻易放过我，还要说那么多嘲讽的话呢？也许他认为我是一个口舌之徒吧。"子贡心里愤愤不平，这又使他想起有一次孔子说自己和宰予两人是雄辩家。"雄辩家"这名称听起来很好很舒服，可是细细咂摸，那更像是敷衍的夸奖，而不是衷心的赞美。何况宰予是个人人都知的大懒虫，更是喜欢说谎的虚伪者，他才是名副其实的口舌之徒。把他和自己相提并论，是让人多么难以忍受的羞辱啊！

一边回忆这些往事，一边听着孔子正在称赞子贱"君子哉若人"，子贡更加坐立不安了。

"是否应该趁这个机会，问问夫子对我的评价如何？我跟随他老人家这么久了，他一定会赏识我的人品吧？"一想到这，子贡就更加不自在了。

孔子好像完全没有注意到子贡局促不安的神态，而是抚摸着胡须，眼睛看着别处，自言自语地说道："鲁无君子者，斯焉取斯？像子贱这样难得的君子，实在是由于鲁国有了很多的贤人君子直接间接地影响他，才造成了他今日的德行与人品吧。子贱能够在鲁国得到熏陶，在尊贤效友之中，完善他的品德。这真是一件幸事啊！"

听到这里，子贡的精神又振作起来了。子贡虽然是卫国人，但在孔门当中却是子贱的前辈，作为师兄，也为指导子贱费了不少工夫与精神。因此，孔子提到影响子贱的贤人君子时，子贡当然地认为自己也是其中之一。不过，在没有确认孔子的意思之前，子贡对此并没有太大的自信，不好证明自己也属于指导子贱的贤人君子。子贡自信在德行方面是不弱于子贱的，既然孔子屡次称赞作为后辈的子贱，或许他对我子贡留有更大的赞扬呢？

子贡的内心虽然惴惴（zhuì zhuì）焦虑，但自信心却又开始慢慢膨胀了。于是，问孔子说："赐也何如？"

说出这话时，子贡忽然感到心神不宁，有点儿患得患失的感觉。因为不知道孔子会说什么话来敲打敲打他，但是，他又担心孔子会责备自己太拘泥于自我。

可是孔子的回应很平静，只是简单地答道："女，器也。"

子贡大感意外。孔子批评人物时，时常用"器"这个字来比喻一个人的才识。"器"当然不是冠于顶好一类的人才头上的词儿，只不过属于"才子"之类，或者属于一项艺能的人才罢了。"君子不器"，孔子常常用这话来教诲弟子。因为"器"只不过是适于特定的用途，还不能适用于各种情况，所以"器"仍是德行尚未圆满的阶段。至于君子，则是超越了"器"的界限，已到达了"不器"的境界。孔子用"器"字来评价他的人品，当然使子贡感到意外。

这时，孔子仍然像平常一样平静，那样子好像表明他的评论是公允中肯的。

子贡茫然若失，一方面觉得很羞愧，同时又升起一种莫名的郁闷，简直想要立刻从孔子面前跑开。但他又觉得如果这样抱头鼠窜，那无疑会更加难堪了。这一下进退两难，子贡苍白的脸上显得非常窘迫（jiǒng pò）不安，只是呆呆地望着孔子。

孔子仍然平静地坐着，很久很久，沉默的气氛压抑着四周。

子贡终于忍不住心里的痛苦，挺起上身讷讷地问道："何……何器也？器，我属于哪……哪一种器？"

孔子好像这时候才发觉子贡的异样，看他如此紧张和激动，不由得皱了皱眉头。但是，转瞬间，孔子又笑了，想了一会儿，静静地答道："瑚琏也。"

一听到"瑚琏"二字，子贡又疑惑了，把疑问的眼光投向孔子。要知道，瑚琏是祭祀宗庙时盛放祭礼的祭器。这种器物上嵌着珠玉，非常豪华，是各种器物里最贵重的。

"瑚琏——瑚琏——"子贡在心里反复念叨了几次，眼前浮现出宗庙祭坛上宝色灿然的祭器。

"器中之器——人才中的人才——一国中之宰相。"子贡的联想越来越丰富，就像要发出绚丽的光彩。不知不觉之中，他竟然在脑海里幻想着，自己在宗庙里穿戴着宰相衣冠，从容地指挥着文武百官。

"瑚琏，说得很好……"的确，子贡有一瞬间真的这么想。这样想着，他那消沉的脸也渐渐地明朗起来了。

"瑚琏是宝贵的器具。虽然是宝贵的器具，但无论怎样，器具也只是器具而已。"孔子刚才就一直凝神观察着子贡，见他脸上表情变换不断，于是便强调了几句。

子贡听到这话，好像突然受到打击，全身颤抖，脸上又渐渐浮现出苍白的气色。

"端木赐啊，你最要紧的是，要忘记自我，要思考如何摆脱自我的贪念。只想着一己之私而受拘于自我观念的人,不能称为君子。君子之所以能够活用别人的才识,以成就自己的美德,也不过是他能够忘却自我的缘故。聪明人一味夸耀自己的才识,只想靠自己的才能谋生,这对社会当然也是有所贡献的,但这类人到底只是能使自己有用,而不能使别人有用。所以,这种人充其量就是件器物吧。"

孔子近来没有像现在这样如此谆谆(zhūn zhūn)地教诲弟子。

"而且……"孔子停了一会儿,又说,"后辈是值得敬畏的。他们年轻而正在勉力求学的时期,精力充沛,稍微不努力,就会给他们赶上了(后生可畏,焉知来者之不如今也)……"

孔子沉痛地说着,停了一会儿,又接着说:"不过,到了四十、五十岁,还是默默无闻,在德行方面没有什么特殊表现的人,这人的前途总是有限的!"(四十、五十而无闻焉,斯亦不足畏也已!)

说着,孔子的声音似乎有点儿激动得发颤。

此时的子贡,像是掉了魂似的,无精打采地站了起来,用手蒙着脸,呜咽起来。而孔子的双眼里也含着晶莹的泪珠。

第二辑 子路的故事

子路强辩

子路使子羔为费宰。子曰:"贼夫(fú)人之子!"子路曰:"有民人焉,有社稷(shè jì)焉。何必读书,然后为学?"子曰:"是故恶(wù)夫佞(nìng)者!"

——《先进篇》

参考语译

子路让子羔去做费地的长官。孔子说:"这简直是害人子弟。"子路说:"在那里有百姓与各级官吏,也有土地、五谷和祭祀(jì sì)的社稷神庙,何必一定要读书才算求学呢?"孔子说:"所以我讨厌那种花言巧语狡辩的人。"

子路当过鲁国权臣季氏的家臣，一时相当得势。有人请他帮忙，他就发挥了老大哥的做派，曾经提携了许多人。他帮助子羔得到费邑宰的职位，也是这个时期。

费邑，在季氏的领地之中，曾经被公认为是最复杂又最难以治理的一邑。像闵子骞（mǐn zǐ qiān）那样优秀的人才，曾经当过费邑宰，也是难以治理得完善。然而，子羔是一个未谙（ān）世故的毛头小子，即使他的人品和修养都还不错，不过因为年纪太轻，学识、才能与经验都还很有欠缺，再加上他在识人断事上从来就比较迟钝，所以，无论从哪方面来看，子羔都是难以胜任费邑宰的。

这事情一传开来，孔子比谁都恼火。"子路这人简直是个糊涂虫，鲁莽到了极点。如果在用人方面不慎重的话，无论如何，政治上是行不通的。而且，这对于本身就难以胜任的子羔来说，他的处境真是很难呐。子羔也许会因为做了官而感到高兴，但是他的前途可能就此毁于一旦了。安分守己才是明智的做法啊！"

可是，子路做梦也想不到孔子会批评他，相反地他还在为能够提携同门从政而沾沾自喜。他认为，自己这样做才是推广孔门教育的最有效办法，夫子也会对此表示赞赏的。于是，有一天，子路兴冲冲地去拜访孔子，向夫子报告保举子羔的原委。

出乎子路意料的是，孔子只说了一句："误人子弟啊！"

然后，孔子就只是看着子路。

子路抹了把汗,脸色红白不定,狼狈不堪。虽然一直以来,在孔门众多弟子中,子路是经常被孔子叱责的大弟子,可是未曾想到今天孔子如此开门见山、语气严厉地责骂他。等孔子的情绪稍微稳定后,子路揉了揉眼睛,心想,也许老师误会他了。

"夫子,我是保举子羔为费邑宰了。"子路尽可能语气平和地再讲了一遍。

"我知道。"孔子连眉头也不动,面无表情,还是直视着子路,不多说一句。

这一下,子路觉得有点不对劲了,孔子的反应有点异乎寻常啊!子路根本就没想到提拔子羔为一方主官是不对的。因此,他垂下头,又说道:"夫子,又有一位同门能够主政一方,推广我们的主张——仁道,我想您应该感到高兴才是啊。"

"这就是害人子弟,还说是仁道?"孔子看着他,仍然不动。

这时候,子路才发觉情形是大大的不对劲了,终于发现了孔子对他所说的相当不满。但是,子路有一个缺点,就是不会一意识到自己的过错就马上低头认错。而且,最让子路坐蜡的是,自己身为大师兄,不能判明子羔的资质,却保举了这么个鲁钝的家伙去主政一方,真是失察啊!

"我并不是没有识别人才的能力。子羔的人品和能力,我了解得很清楚。可是,明知他水平不够,我还予以提拔,是有原因的。"子路可不想让孔子知道他这一次的疏忽,想以狡辩来使孔子不再诘问他。

"我这样做反而害了子羔。夫子您的看法是这样吗?"子路有点受不了孔子的目光了,只好强装着镇静的样子,与孔子周旋。

"难道不是这样吗？"孔子的态度依然如故。

"当然，我也想过，可能担任一方主官对子羔有点儿吃力……"

"不是有点儿啊，他的学识简直是不值一提。"

"夫子，我了解，他的水平还不够。我这不是希望他从实践中积累经验、在做事中求得学问嘛！"

"从实践中求学？"

"是的，为何只有读书才算是学问呢？您教导过我们说，那个地方有老百姓，有祭祀的社稷，治理百姓和祭祀神灵都是学习，难道一定要读书才算学习吗？"子路趁这个机会，背诵了孔子时常教诲弟子的这么一句话。

孔子听了，很快把视线从子路身上移开了，但还是皱着眉头。而子路哪敢与夫子对视，没有仔细观察孔子的表情，好不容易才避开孔子锋利的眼神，感到比先前轻松多了。接下来，他来精神了，口才又变得非常流畅了。

"费邑有正在等着治理的老百姓和正常祭祀的社稷。治理人民、祭祀诸神的实际经验，更是比啥都还要活生生的学问。我们常常听到夫子您说，真正的学问应该和实践的经验相结合。尤其是像子羔这类人，反正在读书方面也不行，最好还是能早点让他们从实务方面开始学习。担任官职的人，每天都有文件要批示，职责所在，都是不得不去处理的，就逼着他必须去从实务方面学习咋做了。"

子路侃侃（kǎn kǎn）而谈，一气呵成，自认为很好地发挥了孔子的主张，作为自己强辩的依据，阐述自己的见解，这使他感到很得意。他等待着孔子的称赞。

没有想到的是，孔子都懒得看他，一句话也没说，闭目凝神似乎在想着别的什么。

可是,在子路的心里,却以为孔子是不好意思了。子路认为自己的滔滔雄辩,击中了要害,使孔子也感到理屈词穷。这时,子路觉得自己应该设法补救一下这种场面,可惜这种安慰手段不是他所能做到的,于是,他只好木木然地站着不说话。

不一会儿,孔子的沉默使得子路又忍不住了。因为,孔子沉默不语的时候,会让人感到巨大的压力,子路偷偷地从侧面看了孔子一眼,又开始了自我反省。

"我刚才对夫子说的话是不是对的呢?也许我仅仅是因为不服气,只不过为了争强好胜而强辩呢?"似乎是有点儿不甘心,子路不得不这样自问自答。

"我害人子弟,对子羔的将来没有一点儿好处,这个不用夫子指责我,我也知道得很清楚。那么,既然如此,我到底是为了谁而保举他呢?很显然,也不是为费邑的人民。既然不是为了子羔本人,也不是为了费邑群众的话……"想到这里,子路感到惶恐,再也不好意思和孔子对坐了,就在想无论如何也要找个机会溜了。然而,子路天性刚毅,一旦反省起来,就会惭愧得无地自容。

这时,孔子的眼光落在了他身上。对子路而言,仿若是电光一闪。孔子说话了,但语调依然平缓而沉重。

"只看人的言论笃实(dǔ shí),我也不会立刻相信他的。因为只听他说得来劲、活灵活现、老老实实,仍然不能立刻断定,他是真正有道德的人呢,还是假装正经的伪君子呢?我们平时应该注意到,有些人表面高谈着堂皇的大理论,而暗地里却隐藏着许多不可饶恕的恶行。为了一己之私利而害了他人的前途,就是明显的例子。像这一类人,做了错事,还时常准备一套漂亮的理由来掩饰(论笃是与?君子者乎?色庄者乎?)。所以,我……"说到这里,孔子语气变得更加严厉起来,"我最痛恨这一种貌似正经而狡猾强辩的人。"

子路一听,霎时(shà shí)脸都白了,内心如打鼓一般,再也坐不住了,于是在恍恍惚惚中拜辞孔子而去。

听说,自从这件事情之后,子路进步了不少,他学会了如何从实践中获得道理的真谛(zhēn dì)。

子疾病，子路请祷

子疾病，子路请祷。子曰："有诸？"子路对曰："有之。《诔（lěi）》曰：'祷尔于上下神祇（shén qí）。'"子曰："丘之祷久矣！"

——《述而篇》

参考语译

孔子病得很重，子路要求为他做祷告。孔子说："这样做有效吗？"子路说："有啊！《诔》文上说：'为你向天神地祇祷告。'"孔子说："我很久以来就一直在祷告呢。"

一向神采奕奕的子路，这几天却无精打采的，独自倚靠着坐榻闷头沉思。

自从孔子生病卧床以来，子路一直陪伴着孔子，不分昼夜看护着。孔子生病将近一个月了，可是病情不见好转，还在加重，尤其是这两三天，衰弱的迹象更加明显。像昨天晚上，病势显得特别危急。

"恐怕……"子路不敢再往下想，怅然若失地呆坐着，一点儿精神也没有。

子路起身退到隔壁房间，茫茫然地望着天花板上的一隅，好像被折磨着，坐立不安。病室那边不时传来同门弟子们轻轻的低语。子路感到自己的精神快要崩溃了，好像要从那疲乏烦忧的身体里虚脱而出似的。

"我要永远追随夫子。"子路暗暗下了决心。想到生死，他的感触如新。子路记得，有一次向孔子请教生死问题的时候，孔子是这样回答的："未知生，焉知死。（还没活明白，谈什么死呢。）"

"什么叫作死？这个问题，我不必去探求它。只要死后还有个世界，永远能够跟随在夫子身边就好了。说不定明天就要陪伴着夫子到那遥远苍茫的世界去了。"子路一直在想着这事情，现在内心里充满了忻悦。

但是这种念头转瞬间就消失了，子路蓦地（mò de）站起来："咋整的啊？我竟然在想夫子的死？"

像是要赶走了心中的恶念似的，子路把双手放在胸前，然后纹丝不动地侧耳倾听着病室里的动静。

病室里很安静，听不到任何声音。子路轻轻地叹了一口气，绕着坐榻踱起了方步，一边责备自己的无能为力，恍惚里又陷入思绪纷纭之中。

"一定要让夫子康复过来！"子路生来激烈的个性重又燃起了斗志，他急促地来回踱步，脚步声也越加响亮了。然而，子路想遍了各种医治夫子的办法，再怎样挖空心思地苦想，也想不出更好的办法。

"人力无法救治了！"想着想着，子路一边深深地叹息着，一边颓然（tuí rán）地坐了下来。子路觉得，无论怎样自责也无补于事，况且，连自责的气力都在逐渐消失。

但子路认为，不管用什么方法，只要能够医治夫子的病，还是要去尝试一下。

"到这个地步了，看来只有向鬼神祈祷了。"这样想着，子路的内心充满了悲痛。他想起了孔子经常教诲他们应该坚定地履行人之道。有一次，他问孔子关于生死的问题及祭祀鬼神时，孔子也说："只要专心事奉人就好了。未能事人，焉能事鬼？"从此以后，子路就严守这个教诲，无论如何，也未曾想去祈求鬼神的庇佑。现在却要祷告鬼神，求夫子早日康复！可这是多么愚昧的行为呀！

"我真无能！"反复想啊想，想到这里，子路不禁咬紧了牙根。

不过，子路找到了宽解的理由——这不是为了自己而是为了夫子的生命才去求鬼神保佑的——减轻了心里的负罪感。子路认为，如果孔子的生命由此获救，因为祈求鬼神而蒙受的耻辱，也就是不值一提的小事儿了，即使被孔子责怪或赶走，那也不会感到遗憾了。

怀着这种复杂的情感，子路又在屋内踱步徘徊。终于，他下定了决心，也不和任何人打个招呼，就悄没声息地走了。

当别的弟子惊奇不安地发现，向来最热心守护夫子的子路，竟然好几个时辰都没了人影儿，不知去向，大家对此迷惑又不安。等终于再次看到子路时，大家都感到出乎意料的奇怪——只见子路手拿着一卷书，慌慌张张地跑了进来，走近孔子的病榻，喘着粗气说道："夫子，求您允许我一件事情！"

"什么事？"孔子紧闭的眼睛，微微睁开。

"我想拜拜鬼神，祈求夫子的病能够早一点康复。"

"你说啥！先王之道并无祈祷鬼神之事。"

"有，有啊！夫子所编辑修订的《周礼》也有这样的记载，那就是：'《诔》曰：'祷尔于上下神祇。'"

说着，子路马上把竹简摊开，指给孔子看。

孔子微微笑了笑，然后又静静地闭上眼睛，什么也不说。

"夫子啊！"子路有点急了，"老实说，我明明知道您会骂我，我还是决心自己一个人偷偷去做祷告。可是，我不知道怎样祷告，刚才离开这里去研究，最后我发现了这句话。古时候既然有这种做法，我又何必偷偷祷告呢？所以，我特地再回来求夫子准许我。夫子，请让我为您的病祈祷好吗？为了您的健康，为了门人弟子们，并且为了天下的人。"

孔子睁大了眼睛，他那炯炯有神的眼神，几乎使人难以相信他是位垂危的病人。他凝视着子路的脸庞，片刻后说："我用不着你替我祈祷啦，我早就为自己祷告着呢。"

"您自己？"子路吃了一惊，把脸靠近了孔子。别的弟子也惊讶地看着孔子。

"是啊,我已接连祈祷了几十年了。"

"几十年?"

"还不懂吗?你们至今不知道我在做祷告吗?"

弟子们不禁面面相觑(qù)。孔子叹息似的深深地吐了一口气,闭上双眼;沉默了一会儿后,孔子仍闭着眼睛,问子路说:"我问你,祈祷要做些什么事?"

"就是,向诸鬼神把自己的祈愿……"

孔子止住了子路,没有让他继续说下去,又睁开眼睛说:"祈愿?嗯,是什么祈愿?"

"……"子路踌躇(chóu chú)着,不敢马上答出心中所想的话。他开始发觉了,孔子的问话带有深意。

孔子说:"祈愿本身,应该是超越私情私欲的。克服了私情和欲念,符合于天地神明之心的祈愿,这才是真正的祈愿。对吧?"

子路傻傻地站着,一句话也接不上。

"我再提醒你们,大家要相信我,我绝不否认天地神明,也不轻视它们。就是因为崇拜诸神,为了要遵照神明的指引,我才一直持续不断地修身,我这一生都在持续不断地祷告。你手上书中记载的关于祈祷的那句话,也只能这样解释,才有深刻的意义。"

"夫子,我很惭愧,由于我的浅薄,竟使您又增加不少的烦恼……"

"不,不,活到老,学到老。尤其是你这样地关心我,我多么高兴呢!你的这种苦心,也可以说是近乎道了。对了,你这样的心,也可以说是求道的原动力吧。可是,千万不要为了想救治我的肉身,却伤害了我的心灵。我希望我的思想永远活着哩,希望由于宣扬万古不灭的先王之道而永生哩!"

孔子说着话，他那深邃（shēn suì）的眼神好像在追忆着遥远的过去，同时又凝视着那无穷的未来似的。子路和其他弟子都受到了未曾经历过的感动，他们在庄严肃穆的气氛下都合上了眼睛，静静地跪了下来。

"哦！就是现在，大家也真正地拥有了祈祷的心。要为我而祷告，应该有现在这样清净纯洁的心境……好了，我有点儿累了，想睡一会儿。你们去休息休息吧。"

说来奇怪，过了一天，孔子的病就开始转好了。

几年之后，在卫国的内乱中，子路不幸遇难，死于非命；孔子那时已是七十高龄，年迈的孔子为子路流下了不少眼泪。真是世事不可测度，命运不可先知，让人没有想到啊！

第三辑 孔子在鲁国

子入太庙

子入大庙（tài miào），每事问。或曰："孰谓鄹（zōu）人之子知礼乎？入太庙，每事问。"子闻之曰："是礼也！"

——《八佾（bā yì）篇》

子曰："由，诲女（rǔ）知之乎！知之为知之，不知为不知，是知（zhì）也。"

——《为政篇》

参考语译

孔子进入周公庙裏助祭祀，对每一项事物都要发问。有人就说："谁说这一位鄹邑（今山东省曲阜东南，春秋时为孔子居处）的年轻人懂得礼呢？他在周公庙里什么都要问。"孔子听到这种批评，说："这就是礼啊！"

孔子说："仲由，过来告诉你什么叫真知吧！真正的知道就是力行自己所知道的，不知道要想办法让自己知道，这才是真知道。"

鲁国有一年要举行太庙的祭典，却缺少主事的人才。原来那个历年主持祭典的主祭官因病缺席，必须临时请一位精通礼乐的人来代理主持。

太庙是祭祀鲁国始祖周公旦的大庙。这种祭祀当然是鲁国最盛大的祭典，而仪式也无比繁杂。因此，若是不精通礼乐者，连助祭工作也担当不起。但现在除了卧病多时的原主祭官之外，别人都没有做过这种祭祀的工作，于是，只得从没有实际经验的人当中遴选（lín xuǎn）一位主祭人，而临时的主祭人选也不易找到。宫廷里经过多次商议，最后选中了孔子。

孔子当时虽然只有三十六七岁，但他的门下已有许多弟子，他的学术与德行，也早就闻名远近，尤其在礼乐这一方面的成就，据推荐的人说，孔子是举世无双的礼学权威。因此，鲁国文武百官对孔子抱有很高的期望，然而，由于他年纪还算年轻，难免有一部分人对他的声望抱着怀疑的态度，尤其那些长期在太庙服务的助祭官，在嫉妒（jí dù）心的驱使下，传出了许多对孔子不利的评说。

不久，祭典的筹备工作开始了。那一天，是孔子有生以来第一次进入太庙；每一位助祭官，无论对孔子是怀有好感的，还是怀着嫉妒的，都时刻注意着这位新任的代理主祭人的一举一动。

出乎人们意料的是，孔子一进到太庙，立即向各部门的祭官请教每一种祭器的名称和用途，并且还费了整天时间，不停地向他们询问每一种祭器的用法与操作，以及举行仪式时各种详细的进退揖让等，可以说是打破砂锅问到底了。这下，各种议论来了。

"太差劲了！对礼制这么生疏，他岂不是像个啥事不懂的五六岁小孩吗？"

"唉，社会上的好话是靠不住的。"

"哼，我早就料到他是骗子了。连做官的本事都没有的人，却招收了不少学生，摆出一副学问家的架子来，这种人狂妄自大，其实没有什么了不起。"

"您说得很对！像我们常年在太庙服务的祭官，也未必能够记得住那么繁杂的仪式，那个年轻的老土，怎么能够轻易就学得来呢？像这种事情，上面也应该预先看得出来才对……"

"上面的人缺乏明察，真令人失望。"

"到时候，总有好看的。不过，这次不会有我们的责任，即使有什么差错，也不关我们啥事儿！"

"那当然喽。他真是大胆得令人吃惊，他是否还称职呢？"

"这事情除了他自己，谁晓得底细？不过，的确是个没有头脑的人哩，为什么连那样简单的问题也要东问西问，他不会觉得羞耻吗？"

"不但无羞无耻，从他的表情看来，他似乎认为这样问才是应该的呢。"

"他那么认真地请教我们，我们都不好意思取笑他了。不但不好意思笑话他，反而尽我们所知都教给他了，真是糟糕！"

"就是嘛！大家都倒霉啦。教他的人，反而成了他的下属，受他的指挥。"

"对啊,人老了,就没有用啦!"

"是谁把那个毛头小子从鄹邑乡下带出来的,还到处造谣说他是礼乐权威?真是开玩笑呀。"

"事已至此了,多说也没用。还是赶快向这位礼乐权威领教领教新花样,找机会升官儿吧!"

"嗯,对,对!这样不是更聪明吗?呵呵!"

在孔子的背后,这一类失望、嘲笑或愤慨的言论随处可闻。孔子不知是否已觉察到这种种内情,这天把所有的事物清问了一遍,就恭恭敬敬地向太庙里的官员致谢,然后退出了太庙。

这时候,大为不安的是孔子的推荐人。之所以推荐孔子,是因为孔子在社会上的声望,以及他的弟子们的出色表现。当推荐人听到在太庙里传出来的风言风语,便马上去找子路。因为,到了这个地步,这位推荐人也不好意思直接告知孔子,而认为这时候能够实话实说的,在孔门弟子当中,最适合的就是子路了。

子路听完,放声大笑说:"请放心吧,绝对不会给您老惹麻烦的……可是,夫子也未免太过分了,干吗做出像小孩子般的行为,搞得人家疑疑惑惑的呢?……这样吧,我陪您到夫子家去。我也有点儿不满,想当面跟夫子说,听听他的意见,您老也可以放心了。"

于是,俩人马上去拜访孔子。

一见到孔子,子路几乎忘了拜见夫子的基本礼节,就急匆匆地说出来意,然后便大声说:"夫子!我很不理解您那一套。夫子不是应该抓住机会,在宗庙中堂而皇之地表现您的才华学识吗?可您为什么要故意做出些被人家嘲笑成没有见过世面的举动呢?夫子您是不是故意让他们抓到把柄来打击您呢?"

"表现我的才华学识?"孔子毫无表情地反问。

"就是,夫子那高深的学问呐。"

"当然,那也是礼。不合于揖让进退的规矩,便不能称为礼。但是,礼的精神是什么?"

"夫子教过我们的是……敬。"

"对呀。那么,你是说我今天忘记了敬,是不是这样?"

子路好像舌头忽然打了结似的,讷讷不语。

孔子又接着说:"一旦受命主持太庙的祭典,应该恭恭敬敬才是。我正是因为不愿对前辈缺乏敬意,并且我也希望了解前人所用过的方法,所以我才去请教他们。但令我没想到的是,连你也不能理解这一点。况且……"

孔子微微闭了闭眼睛,静了片刻后,接着说:"学问,是什么学问呢?"

"就是……今天的礼吧?"

"礼吗?我从来没有像今天那样,全神贯注把礼表现给大家看哩。"

"那么,夫子在太庙,对每一件器物都要请教周围的人,那是谣言吗?"

"不是谣言。太庙的一切,我都向他们请教过了。"

"我不知夫子是何用意。"

"仲由啊,你认为'礼'到底是什么?"

"就是……就是夫子平常向我们讲过的……"

"是坐立进退的规矩?"

"正是。难道不是吗?"

"你说过'学问有什么用处',是吗?"

"是的。"

"不过,你现在完全了解学问的重要性了吗?"

"是的,夫子。"

"看来,你在研究学问的态度上,还没有真正准备好哟。"

"您是说……"

"今天你又不经过思考,就轻率地跑到这里来质问老师,不是吗?"

"研究学问,学习和思考是两个必备的要素。只学习而不思考,就不能把握问题的重点,也就根本研究不出什么结果来(学而不思则罔)。就像在暗室中行走摸索,只能摸到房柱和门窗,不能触摸到各种东西,求出其中真义。不过,我好像也应该反省。本来,礼是始于敬,终于和。然而,我今天请教诸位祭官,反而伤害了他们的感情,使得他们不高兴,也许是因为在我的言行当中,一定还有不合于礼的地方吧。关于这一点,我认为自己应该好好反省才对。"

子路听罢孔子的话,感到越来越紧张,为自己一上来就不顾礼节指责夫子而惭愧。而那位推荐孔子的人,本来就不能平静地听他们对话,在听孔子说完之后,更是羞惭不已,慌慌张张地赶紧拜辞了。

推荐人走了,留下孔子和子路两人对坐着,房间里寂然无声。孔子又像平时一样,闭目静思。子路也默然不语。良久,孔子好像忽然想起了什么似的,对子路说:"仲由啊,我曾听你说过,你最喜欢的是剑。是不是?"

"是的。"

"学问没什么用,你好像这样说过吧?"

"是的。"

"那么,现在你明白学问的重要性了吗?"

"是的。"

"你回答得倒是挺快啊,不过我认为你还是没有具备求学问的基础。"

"夫子,为什么啊?"

"今天,你不就是不经思考就跑来问我吗?我再跟你说一遍。研究学问时,要紧的是学习和思考。只是学习而不加思考,就抓不住思想理论的核心,根本不会得出结果来。正如在暗室中摸索,结果只能摸到屋子的一部分,不能从各种事物中求得真正的原理。当然,只是一味思考而不学习,也是不行的(思而不学则殆)。只靠自己的主观意识行事,而忽略了前人的教导,就如同走上独木桥一般危险,不知道在什么时候,就会失足跌落深渊而永不能到达目的地。有时候,任你如何思考也解决不了问题。过去,我曾经终日思考,甚至吃饭和睡觉都忘记了,可是竟想不出一点儿道理来。像这种时候,如果能学习到古圣先贤的至理哲言,会立刻让你恍然大悟,少走很多弯路(吾尝终日而思矣,不如须臾之所学也)。总之,追求真理时,学习与思考应该并重。一边学习,一边思考,这才是求学的要诀。现在,在学习与思考方面,你还没有达到要求啊。因为,你在思考时,缺少应有的诚意和毅力。"

子路理屈词穷,老实地低头听着孔子的教诲。到这里,子路本以为孔子的话说完了。但孔子顿了顿,又继续说:"道,是一以贯之的。若有虔诚的心,决不会轻率地判断事物,也不会不懂装懂,自欺欺人。"

"夫子,我从来没有做过自欺欺人的事儿呀……"子路有点儿不服气地插嘴说。

"是吗？你确定？"

"至少，我今天……"

"哼！那就是你连自己做些什么、想些什么也不大清楚吧？"这时期的孔子也年轻气盛，话里带着一股辛辣的讽刺味儿，"你刚才带那位推荐人来的时候，你的脸上是不是什么都知道的神色？对关于礼的事情和今天我在太庙时抱着什么心态，你好像全都晓得似的。"

"那……那……完全是我的误会。"

"误会？对了，人都会有误会的时候。如果这是因为虔诚（qián chéng）所引起的误会，那是值得宽恕的。可是，它是由于夸大欲望所引起的误会，那就不是误会了，而是虚伪。那是对自己的不诚实啊！足以消灭自己生命的真正愿望，也是使人变成无知的最大原因。你还没有真正理解这个道理。因此，你比谁都怕被人指责你的无知，你反而不能进步。自己到底真正知道些什么，以诚恳的心，仔细反省，知道的就是知道，不知道的就是不知道，有这种不欺骗自己、不欺骗他人的至为纯粹的心，才能增进自己的知识。总之，知识不是用来夸示他人的，而是促使自己的生命更加上进的原动力。真正的知识和智慧，是不夸耀而能谦逊的人才能取得的。希望你永远牢记着这一点。"

说着，孔子严厉的声音变温和了，严肃的脸色也变得慈祥起来。孔子用柔和的目光看着垂头丧气的子路，用鼓励的语气说："只要你牢记这一点，那我再也不用多说了。你只要把你的勇气——人人都公认你有的这种勇气——从今以后，用来压制你心中的不诚敬就好了，把你的勇气用在实践谦恭诚敬上就好了。谦逊的勇气，恭敬的勇气……怎样?子路,那是何等大气的词语啊!一提起这些词语,我的眼前就好像有一个深远的、明朗而健康的世界在展开哩!"

这时,子路的眼里已经含满了晶亮的泪珠。

子路拜辞以后,孔子又陷入了长时间的沉思。过了一天,孔子在太庙祭祀周公,细致地对以前仪式上不合于礼的各种错误进行了纠正,并且弥补了以前祭祀官们所忽略的地方,谨严有序地指挥着祭祀官们进行祭礼。

子语鲁大师乐

子语鲁大师乐,曰:"乐其可知也,始作,翕(xī)如也;从之,纯如也,皦(jiǎo)如也,绎如也,以成。"

——《八佾篇》

参考语译

孔子和鲁国宫廷乐团的乐长谈论演奏音乐的道理,说:"音乐的精髓是可以领会的,开始演奏时,各种乐器相配合,接下来,众音调很和谐;节奏清楚又明白,旋律相续不断,然后一个曲子一气呵成。"

鲁国的乐长从殿堂回到自己的休息室，有些不耐烦地脱掉不舒适的大礼服，泄气似的斜靠在几案上。他想要让自己激动的内心平静下来，苍白而富于艺术家气质的脸颊上，勉强地露出微笑，又把双脚随意地伸展开来，装出无拘束的惬意（qiè yì）样子。但是，这些动作，无论如何都消解不了他心里那乱糟糟的情绪。

"奏乐又失败了，算上这次已是第三次了，怎么办呢？"想起这事，乐长就揪心得很。

说来奇怪，乐长遇到的这些让他痛心的演奏失败，都是从孔子担任了小司空之职、位居他的上司以后才发生的。孔子与过去的多位前任司空不同，他非常关爱下属，很少对人发脾气。可是不知为什么，每到奏乐的时候，乐长的心情就不知不觉地紧张起来，手指僵硬，不能灵活演奏了。也许，这是因为孔子也是精通音乐的人，乐长绝对不敢凑合敷衍地演奏，而是要在孔子面前使出全身的本事，可是连乐长自己也没想到的是，演奏时连手指都紧张得发僵不听使唤了。

"在乐理方面，当然是孔子比我了解得多。但是，在实际的演奏技巧这方面，还是我比他内行。"乐长有这种自信，可是为什么一到演奏的时候，便再三地不顺利呢？他一想到这事，不禁羞怒交加。然而，这又是事实，不可否认的事实。

乐长痛苦地把两手手指插进头发里，把脸伏在案上，不断地埋怨自己的无能和沮丧。而且，更不妙的是，他的痛苦和自责正慢慢地转变为对孔子的埋怨。乐长发现这点时,蓦地抬起头,仿佛从梦中惊醒,该死的,自己怎么会有这种念头呢?乐长在胸前挥动双手,似乎要赶走心中所起的恶念。

就在这一瞬间,乐长的眼前忽然掠过一道亮光,他似乎看到了孔子的眼睛所闪动的光,那像湖面一样平静且还含着轻轻的微笑的孔子的眼神。他忽然想到了什么似的,站了起来。

"对了,就是这一双眼睛!"乐长在心中惊叫,"一见到这双眼睛,我就莫名其妙地口干舌燥、手指僵硬。今天也是如此。演奏时我的手法失去了控制,正是在我的目光和孔子的目光相遇以后才出现情况的。"

乐长在室内来回踱步,不断地思索着。走了一会儿,他觉得自己真是太不争气了,也有点儿可怜:"真是岂有此理!难道孔子的那双眼睛,竟能左右我奏乐的情绪?"

乐长愤愤地往窗外吐了一口唾沫,抬眼望向高远的天空,但似乎天空也在让他难堪,在那湛蓝色的深处,仿佛又出现了孔子的眼睛,那双含着微笑且目光深邃的眼睛。

"的确是这双眼睛。"好像在追寻着刚刚消失的孔子的眼睛似的,乐长瞪眼望着蔚蓝的天空。

"司空大人请您去。"一个小僮不知什么时候走进来,在乐长背后向他传达孔子的指令。神经过敏的乐长,像只弹簧似的猛地从榻上惊跳起来,慌忙整理了一下自己的衣服。

乐长走进孔子的房间以前,一路上几乎都是恍恍惚惚的。但是,他一走进肃穆的室内,看到孔子端坐在那里,立即恢复了清醒,也猜到了孔子召唤他的原因。

奇怪的是，在这种肃穆的气氛中，乐长却不再感觉慌张畏缩了，反而有一种镇静的安然。乐长的目光与孔子的目光相遇，心头又想起："没错，就是这双眼睛！"

孔子请乐长坐下，并调整身体，尽量让自己的姿势显得轻松，然后说："你有什么要说的吗？想到什么没有？"

乐长一听孔子这话，对这几次演奏失败竟然一句也不提，一下子就触及问题的核心，这让他反而不好回答了，要知道他刚才还在埋怨孔子那双慑人的眼睛呢。

"你有熟练高超的技巧，而且一直都认真努力，竟然连着三次演奏失败，你的定力一定有问题呐。你自己没感觉到吗？"孔子温和地问道。

"大人，真是惭愧得很，我也不知道到底怎么了。"

"想过没有？"

"想过，想过的。接二连三的失败，我也不得不寻找原因。"

"或许你不能明确指出其中的原因，但总会找到一些什么吧？"

"有，不过，这个原因好像太荒唐。"

"不见得很荒唐吧，不妨直说，不用顾忌我的看法，怎样？"

"但是……"

"你还不敢直说吗？不过，你不说我也知道。"

"哦？"

"不客气地说，你有怨念邪思。"

突然被孔子指出心有怨念邪思，乐长很是惊骇。糟了，司空大人恐怕已看出自己刚才心中埋怨他的念头。

然而，孔子似乎毫不在意，接着说："不管是诗也好，还是音乐也好,一言以蔽之,都应做到'思无邪'的境界。只要心里无邪念,即使文笔或技巧差了点儿,仍能作出纯正的诗篇,奏出真诚的音乐。你还没体会到这种境界,你的演奏技巧虽高,实在是太可惜了。"

乐长再也忍耐不住沉默:"大人,真的,我把今天失败的结果,怪在大人身上,不知为什么突然会萌生埋怨您的念头来。我现在都认为自己太可耻了。可是,我不认为自己在奏乐时有不正当的想法。我一直在尽我的能力演奏,免得下一次又失败。"

"嗯?……那为什么又奏错了呢?"

"由于一点点小事……"

"哦?"

"一和大人的目光相遇,我的手立马就错乱起来了。"

"嗯。那么是在我的眼里有慑人的邪影了?是不是?"

"不,不。大人的眼睛永远像湖水一般清澈。"

"真是这样子吗?"

"绝对不是恭维话。"

"如果不是你的恭维话,那么应该是你的眼神有问题了……"

乐长始终不承认自己的眼神不好,只好以不服气的口吻说道:"这样说来,您是说我内心有邪……"

"乐长!"孔子忽然回到端正的坐姿,提高了声音,眼睛直视着乐长说,"再细细深究深究你内心到底在想什么吧。"

乐长一躬身,不自觉地站了起来,立在那里一动也不敢动。孔子接着说道:"你奏乐时,是不是常常偷看我的脸色?"

乐长听了这话,只得默默承认,可是他心里绝不以为自己有怨念或者不诚。

孔子语气稍微缓和地说:"如果你奏乐时还要偷窥我的脸色,这就是怨念邪思或者不真诚在作祟。你演奏时一直在揣测我的态度,你心目中始终以为孔丘和你是对立的,认为我的存在是你奏乐时的最大障碍。你虽然没有清楚地意识到,但你却为此而分心走神,你的精神不能完全沉浸在音乐之中,这就是你失败的原因。你难道没有这样想过吗?"

乐长十分不安,但明白了自己失败的缘由,脸上浮现出懊悔的潮红色。

看到乐长终于开窍了,孔子便让他坐下来,像朋友似的对坐着,开始深入谈话。

孔子说:"音乐的境地是如一的世界。在那里,没有丝毫的对立意识。开始演奏前,乐队里每一位演奏者的手、心和乐器合而为一,准备奏出音乐,如同一个蓄势待发的统一的有机体,这时乐队和听众又结合为一,到达翕如的境界。这种气氛形成之后,乐器奏出和谐纯如的音乐,此时五音六律齐合、交汇、流动,在和谐的乐声中,金音、石音等五音虽然合一,但其清浊高下,如五味之相济而后和,六律亦高低调和,而且,五音六律各自保持各自的金音、石音等音色,音质不相混乱,音节分明,绝不互相冲销抵毁,这时就是音律和合而不乱的谐如的完美境界。这样,音律之高低、强弱、缓急等各种变化,乐音相续不断而无分毫之间隙,旋律一气呵成。此时在音乐的奔流当中,可使人体会到永恒与瞬间之一致。真正的音乐如贯珠相继不绝,像河水奔流,一直到乐终。因此,在和谐的音乐演奏中,是不能区别奏乐者与听乐者的,两者若不合而为一,便不是音乐。那么,在演奏中,一门心思想表现演奏的技巧,或者互相比较演奏的技巧,甚至对音乐以内行外行来作区别,这种人是绝不会真正明白音乐的境界的。"

乐长倾听着孔子精深的音乐理论,如饮甘醴(lǐ),如痴如醉,心旷神悦。当听到孔子最后一句话时,乐长的内心触动了,突然感到有点疼痛,这时他才觉得孔子的批评是对的。

"我深深地感谢您的教诲。从今以后,我不但要在技能方面更加努力用功,同时更应该在修养方面努力精进才是。"乐长由衷地向孔子道谢,躬身行礼后告退。

孔子听着乐长远去的脚步声渐渐消失,心想:"乐长好像理解音乐最高的境界并非出于灵活的手指和歌喉,而是出于纯洁的心灵。他的音乐今后会慢慢走向纯正。可是,他恐怕还不知道,我的音乐理论正是我的人生哲学。把音乐技巧当作最高目标的他,可能无法理解乐理和人生的关系。但是也不必着急,总有一天,他必定会发现音乐和人生的本质,因为他想成为一个真正有作为的人。"

虽然那天的仪式由于乐长的浮躁之心而导致演奏不顺,但是孔子已经忘掉了不快,相信乐长会记住刚才的谈话,脸色也就显得较平常更为明朗了。

孟懿子问孝

孟懿子（mèng yì zǐ）问孝。子曰:"无违。"

樊迟御。子告之曰:"孟孙问孝于我,我对曰'无违'。"樊迟曰:"何谓也?"子曰:"生,事之以礼。死,葬之以礼,祭之以礼。"

——《为政篇》

参考语译

孟懿子向孔子请教什么是"孝"。孔子说:"孝就是不要违背礼。"

后来樊迟给孔子驾车,孔子告诉他:"孟孙问我什么是孝,我回答他说'不要违背礼'。"樊迟说:"这是啥意思呢?"孔子说:"父母活着的时候,要按礼侍奉他们;父母去世后,要按礼安葬他们、祭祀他们。"

季孙氏、叔孙氏、孟孙氏，都是鲁桓公（lǔ huán gōng）的后裔，鲁国的人们称这三大家族为"三桓"。三桓世袭鲁大夫，到孔子的时代，三桓各自大肆敛财，渐渐篡夺（cuàn duó）把控了鲁国朝政，欺君罔上，甚至逼得国君流亡国外，他们的骄横专断、倒行逆施，让鲁国人民无不痛恨。

有一段时间，孔子曾经受鲁定公的重任，由中都宰而擢升（zhuó shēng）司空，最后做到了大司寇，代理行使国相的大权。这个时期，孔子始终致力于削减三桓的势力。后来，他总算镇压了叔、孟两家，但是在最后与季氏斗争时，却还是失败了。而且，定公中了齐国的美人计，与季氏同流合污，沉溺于美色，迷醉于宴乐，渐渐疏远了孔子。孔子终于对国君感到失望，对鲁国前途感到灰心，于是放弃了在鲁国的政治抱负，辞去官位，开始周游列国。

现在我们要讲的是孔子做官之后不久的事情。有一天，孟懿子拜访孔子，请教如何行孝。

孟懿子的父亲孟僖子（mèng xī zǐ），是一位了不起的人物。他临终时，把孟懿子叫到枕边，称赞当时还很年轻的孔子的才识和品德，叮嘱儿子在他死后一定要跟从孔子完成学业。孟懿子听从父亲的遗训，就和弟弟南宫敬叔一起受业于孔子。然而孟懿子并不是认真地求学，经常不能领会孔子的教诲。孟懿子向孔子请教关于孝的问题，与其说是自己思慕其父，还不如说是想借此铺张祭祀，夸耀其权势显赫。

孔子早已听人说过孟孙氏最近将在家庙举行祭祀祖宗的仪式，因此，孟懿子现在来请教孝的事情，孔子立刻看穿了他的用意，所以，只是很简单地回答说："不要违背礼制。"

孟懿子本还想大肆宣扬一番呢，一听孔子的回答，就有点儿郁闷了，也不再接下去问孔子，便告辞了。而孔子心里也总是有点拿不准，不知孟懿子是否理解了他说的话。

"如果孟孙氏搞家庙祭祀，有什么僭越（jiàn yuè）礼教的问题，那不但是孟孙氏一家的问题，也将是全鲁国的重大问题，足以搞乱天下的道义。而且，万一他向别人捏造谣言，说关于祭祀的事情是请教过我之后才举行的，那么，我向来在政务上的主张，就将会被破坏得精光了。我一定要找个机会向大家阐述我的观点，让他们了解我的主张。可是，孟懿子没有向我提到这件事情之前，我若先说及孟孙氏即将举行祭典的计划，又是不合礼的做法啊。呃，真是头疼呢，不知道有无更好的办法？"

孔子整天为了这件事而忧心，反复想来想去，苦无良策，只好静静等待机会向世人表明心迹。

恰好，这天樊迟驾车陪伴孔子出游。樊迟是孔子的年轻弟子之一，由于他精通武艺，颇得孟孙氏的器重，经常出入孟懿子的家。孔子想："他倒是个合适的人选，相信会把我的意思明白地转达给孟懿子。"

"前几天，久不见面的孟懿子来问我孝道了。"孔子向正在御车的樊迟说。

"是……"

"我只答他'无违'二字。"

"是……"

樊迟对孔子说的话，根本摸不着头绪。"无违"也可以解释为不违背父母的教导。但是，孟懿子已经没有父母了。这样想着，他双手握着马缰驾车，头不断地摇着。

"你认为呢？"

孔子等着他的回答，可是樊迟还是说一声"是……"，别无他话。

樊迟这样回答着，一边赶车一边想，脑子里一幕一幕地想起了孔子对孝道的教诲。

最先，想到的是孟懿子的儿子孟武伯曾经请问孔子什么才是孝的时候，孔子的回答是："父母唯其疾之忧。"（父母最担心的是儿女生病。）

只答了这一句，对多病的孟武伯而言，孔子的解答是最平常不过的了。

其次，又想到对子游的回答："今之孝者，是谓能养。至于犬马，皆能有养，不敬，何以别乎？"（现在的人，总以为生活上供养了父母就算尽了孝行了。其实，孝行最要紧的是恭敬。如果养而不敬，与饲养犬马有何区别呢？）

这道理也并不难。想到子游有些不够礼貌的地方，难怪孔子会说这话了。

还有一次，答复子夏的是："色难！有事弟子服其劳，有酒食先生馔，是以为孝乎？"（最难做到的是时常用和悦的脸色对待父母。替父母分辛劳，或者有了好的酒菜先劝父母吃，单单做到这样子能说是已经尽了孝道了吗？）

这个回答和对子游说的差不了多少，对脾气不太好的子夏而言，是很适当的。

一直想到这里，樊迟又再次思考"无违"的意思，是不违背什么呢？思来想去，仍然想不出适当的意思。樊迟虽然笨点，但也不认为孔子的意思是简单的违背父母之意。于是，再回想着过去孔子对孝所说的解释。

"父母在，不远游，游必有方。"（父母还活着的时候，别离开父母到太远的地方去。如果不得不远行时，应该先说明所去的地方。）

"父母之年，不可不知也。一则以喜，一则以惧。"（不要忘记父母的年龄。第一，可借此庆祝父母的长寿而喜悦；第二，可借此对父母的年龄提高警觉，刺激自己加紧奉养父母。）

"父在，观其志；父没，观其行。三年无改于父之道，可谓孝矣。"（父母在世，想知晓子女的为人，只看其志气就够了。父母逝世之后，要看子女的为人如何，就要看其品行才知道。因为父母尚存，子女的行为受父母的管教，一旦父母逝世之后，子女的行为就没有亲长的管制了。但是，为人子女不可以随随便便更改父母的旧制。父母逝去了，子女思慕父母的心情必定很浓，即使父母的旧制有不大合理之处，但是孝顺的子女一定不忍心更改父母的惯例。三年不改父母的传统，一心一意服丧的儿女，才称得上是真正的孝子啊！）

"孝哉，闵子骞！人不间（jiàn）于其父母昆弟之言。"（闵子骞是一个多么孝顺的人啊！父母兄弟有称赞他的孝行的，却没有一个非议他的。）

樊迟一一想起孔子说过的对孝的解释。他认为，孔子这一次的意思不会太难，就算我自己没能做到，但也不妨碍得到答案吧。

"无违、无违……到底是什么意思？"樊迟苦思了一会儿，忽然又想起了孔子的这句话:"事父母,几谏。见志不从,又敬不违,劳而不怨。"(事奉父母亲的时候,默认父母的过错,不是为人子女者所应采取的态度,而应该和气地劝告父母改正,这才是孝顺的行为。如果父母不听,就要更加尽其敬爱之情,找适当的时机去劝阻,这才是不违逆父母。谏劝父母而遇到任何难处,身为人子女,也不应有何怨言。)

想到这里,樊迟高兴极了!因为孔子曾经说过的话中有"不违"两字。但是,才高兴了一会儿,他又发现"不违"和"无违"这两个词儿好像不对劲,感觉搞混了。樊迟觉得,刚才孔子所讲的"无违"与"不违"似乎不同:"不违"是指父母尚在人世,意思是指谏劝父母的过错,自始至终一贯不违的意思;但是,另一个词语,讲的是祭祀父母,也就是父母逝世之后,儿女应该采取"无违"的态度。所以,这二者不会是同一个意思。这两个词很类似却又不同,这让樊迟更加难以判断。

"在想什么呢?"孔子好像还在等着樊迟的回答。对于迟钝的学生,孔子一直都有耐心。

樊迟虽然想了这么多,但是最终还是没有想通,又觉得再不回答就失礼了,于是说:"夫子,我一直在思索'无违'的意思,可是我始终不能很好地理解。"

"要是你也不懂我的话,那孟孙就更不用说了。我好像说……"

樊迟只好再次硬着头皮说:"我想了很久,但是还不懂。"

"你都不懂,孟孙更用不着说了。也许我讲得太简单了。"

"到底什么意思呢?"

"我的意思是不违背礼啊!"

"啊……"

樊迟没有想到答案是这样简单而又深刻，心中很惭愧，觉得自己真是个笨蛋，刚才费力那么想，却想不明白，找不着方向。

孔子接着说："就是说，父母在世，应该事之以礼，父母逝世之后，应该葬之以礼，祭之以礼。"

"这些话，夫子不用多加解释吧，我相信孟懿子也知道的，因为他学礼已有一段时间了。"

"不，我不认为是这样。"

"好像孟懿子最近要举行一次很隆重的祭典……"

"你也听过？"

"虽然不知道详细的情形，可是听说这次祭典，计划的比从前的要隆重。"

"原来的方式不可以吗？"

"当然没有不可以的道理。不过做儿子的，总是希望对父母的祭祀能够更加隆重，为人之子应……"

"樊迟！"孔子的声调也有点儿高了，"你也好像还没完全了解礼的真义啊！"

樊迟从驾车台转过头来，惊讶地望着孔子。

孔子的神色依然不变，然而声音越来越沉重："礼，不能过分简略，也不能过分隆重。过犹不及，过分和不足同样都是违礼。人人都有他们自己的身份，不僭越也不落后，这才符合礼的真义。超出自己的身份祭祀父母，将使父母的神灵受到违背礼法的过错。大夫是老百姓的模范，以大夫的身份而违背礼制，将导致天下秩序混乱。使父母之灵背负紊乱天下秩序之罪，那还能叫作孝吗？"

樊迟再也不敢回头看孔子。他失神地望着车前，像泥偶石像般笨拙地赶着车。

樊迟送孔子回去之后，马上就去见了孟懿子。孟懿子若不是为了借这次祭典炫耀权势，而是真心要安慰父母之亡魂而举行祭典，那么，樊迟的这次来访，对他确实是有重大意义的。但是，关于这次樊迟见孟懿子的详情，历史上并无记录，我们也就无从得知。

阳货赠豚

阳货欲见孔子,孔子不见,归孔子豚(tún)。

孔子时其亡也,而往拜之,遇诸涂。

谓孔子曰:"来!予与尔言。"曰:"怀其宝而迷其邦,可谓仁乎?"曰:"不可。""好从事而亟失时,可谓知(zhì)乎?"曰:"不可。""日月逝矣!岁不我与!"孔子曰:"诺!吾将仕矣!"

——《阳货篇》

参考语译

阳货想拜会孔子,孔子避而不见,他便赠送给孔子一头蒸猪,想要孔子依礼去回拜他。

孔子打听到阳货不在家时,往阳货家拜谢,这样既避开了见面又不失礼,但没想到却在半路上遇见了。

阳货对孔子说:"来吧,我有话要跟你说。"孔子走过去,阳货说:"把自己的本领藏起来而听任国家迷乱,这可以叫作仁吗?"孔子回答说:"不可以。"阳货又说:"喜欢参与政事而又屡次错过机会,这可以说是明智吗?"

孔子回答说："不可以。"阳货说："日月在奔逝呀，年岁也不会等着我们呀！"孔子说："好吧，我要考虑出来做官了。"

"嗯？阳货赠送的？"望着大厅当中架台上放着的那只肥肥的蒸猪，孔子不觉皱起了双眉。

阳货原是鲁大夫季平子的家臣。季平子去世，季桓子继承父职之后，陪臣阳货这家伙竟然煽呼季桓子僭位专权。孔子已经年过五十了，有感于当时的社会背离正道而陷入纷乱，于是毅然地放弃了在宦途方面的努力。尤其在十几年的周游列国之后，晚年的孔子把全部精力倾注于研究和编纂《诗》《书》《礼》《乐》等经典，以及教导培育青年子弟。但阳货却对孔子颇为忌惮（jì dàn），寝食不安，他认为，孔子不出来当官而广集弟子讲学传道，肯定是别有用心，得时时刻刻提防着。阳货心中盘算："最好能劝诱孔丘，让他自愿加入我们的阵营。"于是一直努力做出姿态，尽力想让孔子认为起码他也是个礼贤敬士的人，因此执意要和孔子见一次面。

阳货三番两次派出使者去向孔子表达求见之意，但是孔子老是不愿意见他，以种种理由谢绝了。孔子越是不答应，阳货就越感到不爽不安。

终于，阳货想出了一条妙计。他差人打听到孔子的动静，趁孔子这天不在家时，赶紧将一只肥肥的蒸猪送到孔子家里。按照礼教的规矩，凡是大夫赠送士人礼物时，士人应亲自到门口迎接使者并表示道谢；若士人恰巧不在家时，那么这个士人应该择日亲自登门拜谢回礼。阳货就是打了这个主意，想让孔子自动上门。

孔子明白阳货的意图，但一时又想不到好的对策，只好对着蒸乳猪出神。

"不能悖礼，但又不能被人略施小计就把自己套了进去。侍候这种无道的人，哪怕只是一天，也不合乎士人的应为之道啊！何况还是中了他的诡计奸谋呢。"

孔子思考再三，终于想出了对策。那就是，依样画葫芦，趁阳货不在家的时候，亲自登门去道谢。

孔子认真地想尽了对策之后才决定这么做的，可当他想到这个对策的时候，不是幽默家的他也不由自主地微笑了起来。同时，他又感到这种做法跟自己一贯主张的礼法很不适合，想到这里，他再也不笑了。然而，再从头想别的办法，还真找不出更好的应对措施呢。

"既然想不出最圆满的上策，也只好采取这个其次的招数了。"如此下定决心后，次日清晨，孔子就派人打探阳货的行踪动向。

终于，根据打探的人回来报告，某一天阳货要出外公干。孔子于是在这天动身前往阳货家。抵达阳货的家时已接近中午了，孔子向阳货的家人说明了拜谢之意，然后便告辞。事情似乎很顺利，一切都按照孔子的预想进行。但是，遗憾得很，在归途中，孔子的马车竟然与阳货的马车不期而遇了！

出于身份的矜持和礼仪，在与显贵高官的马车相遇时，士人是不能赶紧回头或者逃避的。孔子只好让车子继续向前直驶，而阳货一看到孔子的马车，便停下来，手扶着车厢横木向孔子示意，笑着招呼："我想您大概会驾临敝府，正急忙赶路回家呢！来不及在家迎候您，实在失礼啊，抱歉得很呐！"

孔子对这种喜欢玩弄小聪明的人，实在是无可奈何。他只得随着阳货回去,当然已经下了决心,无论如何也不会留在阳货的家里接受午宴。

两人的车驾一前一后来到阳货府第,一番客套揖让就座之后,阳货就用责备的口吻问孔子:"既然自己具备了举世无比的德行和才能,却置身于外,旁观着国家迷乱的人,难道也说是合于仁道吗?"

孔子心想,这阳货也不全是草包,口才还很不错嘛,一上来就进入话题,让人无法反驳。不过,在孔子看来无须反驳,答道:"不算。"

阳货心想,既然你自己说不行,那机会来了,于是紧接着又盘问第二句:"抱着拯世济民的大志,希望为国家效劳,眼前虽然有很多的机会,却不出仕从政,这也算是智者吗?"

孔子对于这一点,自有其独特的观点。不过,他认为向阳货这种人阐明这个道理,只是徒费口舌而已,因此,平心静气地回答:"不算。"

这时,阳货好像趁这个机会可以教训孔子似的,再三诘问道:"岁月是不待人的。像您这样德高望重、有才有能之士,自愿虚度日子,真令我难以理解嘛。"

阳货说完了这些话后,脸色显得非常紧张。他期待着孔子的回答。

可是孔子反应很是平淡,对阳货点点头,直截了当地说:"您说得没错,我明白了。我应该赶快找一位贤明的国君事奉。"

答完,孔子马上站了起来,很恭敬地向阳货一揖之后,就离开了阳货的府第。至于为孔子精心准备的午宴,孔子没有参加,阳货在孔子回家之后是何等心情,是如何处理这些佳肴美酒的,这些就不得而知了。

第四辑 孔子周游列国

天之木铎

仪封人请见。曰:"君子之至于斯也,吾未尝不得见也。"从者见之。

出曰:"二三子,何患于丧乎?天下之无道也久矣,天将以夫子为木铎(mù duó)。"

——《八佾篇》

参考语译

卫国仪邑掌管边境事务的官员,请求见见孔子。他说:"凡是君子到这里来,我从没有见不到的。"于是,孔子的随从学生引他去见了孔子。

这位官员出来后,对孔子的学生说:"你们几位何必为没有官位而发愁呢?天下无道已经很久了,上天将以孔夫子为木铎来号令天下。"

"老实说,这是我唯一的兴趣……不,说是兴趣就不庄重了。坦白地说,是有这种好奇心,我才来这里当边境官的。大概是吧?"卫国仪邑的边境官(封人)正自言自语着。这是位快到七十岁的老人了。听闻孔子来此处,他心想,无论如何也要见孔子一面,于是来到孔子一行所投宿的旅馆,手扶着弯曲的脊背,一直和冉有啰唆着,要求拜见孔子。

此时正是鲁定公十三年,孔子五十五岁,已辞去鲁国大司寇之职,刚开始周游列国。仪这个地方是邻接鲁国国境的卫国城邑,也是孔子周游列国时最初的歇脚地。

"那么,您在此地待了多久了?"冉有不太情愿引这位边境官见孔子。要知道,孔子的宾客不是诸侯,至少也是大夫,怎么能接见这样的小官小吏呢。并且,现在正是孔子失意的时候。孔子刚失去高位,离开鲁国,才进入卫境,便会见这看守边关城门的老头儿,确实有损身份和体面。从学生的立场来说,冉有不是很情愿。像现在这种落魄时期,最忌讳的是在社会上被人轻视,而应该保持着君子应有的尊严才是。于是,冉有打算拒绝老边境官的请求,用些闲扯的话题应付周旋。

"老朽呀,在仪邑已四十年了。"老封人挺直那弯曲的腰背,得意地说。

"四十年!"冉有大吃一惊。

"嗯，这差事倒也不错啦。由于职务上的便利，有机会和各种名人见面啦。"

"是吧？"冉有冷淡地敷衍着，还是没有松口。

"不过，最初由于自以为人微言轻，错过了求见许多大人物的机会，至今想来，很后悔呀。但是老朽懂得了识人知人之道，只要老朽想见这个名人，没有一个见不到的。这大概是多年来担任封人这个职务所带来的好处吧。"

冉有听了这话，有点生气了，心想你这老头儿口气也未免太大了。他直视着屋顶，没有搭理老人。

"老朽知道先生旅途劳累，只求和您的老师交谈两三句话就好。刚才只是在路上远远地望了他一眼，老朽就十分渴望能拜见孔子。老朽在此地当过四十年封人，所听闻过的名人之中，孔子是最伟大的，过去四十年中老朽所见过的大人物合起来，恐怕都不及孔子呢。要是老朽将见到孔子这一天当作解下封人这个小官职的纪念日，那将是多么有意义的事情啊！可以这么说吧，如果能拜见孔子，那老朽也不枉一生在这里担任封人了。"

听到这里，冉有的态度稍微好转。但是，他还是不太愿意把封人的来访转告给孔子。

"先生，您也不用为难，老朽也不急于一时嘛。只要在你们明天出发以前的任何时间都可以，老朽只望能够见孔子一面。您和您的老师、同门舟车劳顿，想必是累了，没有关系的，您先去休息，老朽在这里等多长时间也没有关系的，只要能在你们离开以前满足一下我的小小心愿就行了。再说，那些名望极高的大人物，也不是说见就见的呀，开始的时候，我经常吃闭门羹呢，这也不是第一次遇见这样的情形了。"

　　冉有听罢不禁笑了起来，心想这老头儿确实有趣，倒是诚意十足，不像那些想借孔子的名气往自己脸上贴金的。老封人一看，冉有的脸色有松动的迹象，赶紧作揖请求："先生，拜托，拜托！"说完，脸上满是期盼的神情。

　　"好吧，老人家，在下去禀报夫子如何？"似乎被老封人的诚心打动了，冉有准备去向孔子禀报他的来意。

　　"多谢先生！您只要肯去禀报，孔子一定会同意见我的。当然，过去那些路过此地的名人也有不肯见我的。这种情况大多是随从故意刁难我，或者是和那些随从交谈几句，才发现主人也不是什么了不起的人。懂得人情世故的人，一定会非常体谅老人与微贱的人，不会让他们失望的。"

　　冉有听了，哑然失笑，暗想这老头儿倒是不客气。冉有停下脚步，双眼直视着老封人，目光中带有一丝威胁性。可是这老头儿，好像知道冉有会瞪他，故意扭头朝向窗外，直起腰背，然后自言自语地说："好呀，终于了了一桩心事，能顺利见到孔子了。"

　　冉有站在那里，看了老封人一会儿，苦笑着摇摇头。之后，再看老头儿没动静，似乎没瞧见自己似的，终于下定决心去禀报。

　　大约五六分钟之后，冉有回来了，满脸的不高兴，板着脸冷冰冰地说道："夫子同意接见你。"

　　冉有也懒得陪同了，叫了一位年轻的弟子，请他带老封人去见孔子。

　　老封人一听孔子愿意见他，对冉有的态度也不像刚才那么恭顺了，正眼都不瞧冉有，说道："行啦，行啦。"说着，慢吞吞地迈着步子跟在那位弟子后面而去。

冉有苦笑着目送着老封人离开后，就坐下来把双手拢在胸前，心里却愤愤不平。

"早知道就不该理睬他。以前有人想求见夫子，夫子只要听到有人转达，从来没有拒绝过。我虽然知道夫子会见他，可还是不知不觉被人设计了，上了这老头儿的当。不过，夫子是不是有点太轻率了？我那样强调不要见这人，但夫子反而说，这是一个有趣且见多识广的人。嗨！管他有趣无趣，不过是个守关门的小吏罢了。而且，做这种没出息的差事四十年，没有升职，哪有什么了不起嘛！夫子正是周游列国的时候，游说诸侯才是正事，见这个地位微贱的老头儿有什么用呢？现在，他一定像刚才那样，和夫子胡说乱道吧？和这种疯疯癫癫的老头儿见面谈话，难道不有损夫子的声望吗？哎，还是夫子做鲁国大司寇的时候好啊，我们也跟着沾光。如果夫子不辞掉那高贵的官职，做弟子的我，会这样孤寂无聊吗？也许别人会嘲笑我只会发牢骚，但是谁喜欢弃官下野，丢掉那荣华富贵？虽然辞官可以免去案牍（àn dú）之劳，远离官场纷争，专心求道、乐道，但是一旦挂冠而去，社会的风评会立刻改变，以前归往的人会远离而去。人世总是这样无情啊，夫子更应该自重才对吧，谁知道前面的路会是怎样的艰难呢？今天我无论如何都做错了，不应该一时心软，同意那个老糊涂见夫子。"

冉有正在为这件事懊恼的时候，出去逛街的孔门诸弟子陆续回来了。等他们基本到齐了，冉有忙将刚才发生的事情，讲给他们听。讲完，他就后悔不迭地说道："我以为如实向夫子禀报，夫子一定不会见他，没想到我估计错了。"

"你呀，失算了！夫子常说：'不患人之不己知，患不知人也。（不要担心别人不了解自己，要担心自己不了解别人。）'"一个弟子得意地说。

"嗨，怕什么啊，我们的夫子难道应付不了这人吗？"另一个弟子平淡地说。

"担心倒是多余了。只是接见这种位卑职微的小官吏，是不是有点拉低夫子的身份？"又一弟子插嘴道。

"我烦的就是这个啊！"冉有又拢起双袖，喟然叹道。

听了这话，大家都有同感。他们突然觉得自己的身份好像也降低了不少。

"那老人态度如何？难道一点儿也看不出是专程来请教夫子的吗？"有位弟子打破沉默，问冉有。

"从态度来看，一点儿也看不出。不像有诚意，总觉得他是在耍我。"

"夫子位居大司寇的时候，下面的官吏都把我们当大人先生般尊重呢。"

"是啊，是啊！"

想起以前的风光，大家怅然若失。

一时间，大家都陷入了沉默。在沉默中，闻见有脚步声传来，越来越近了，紧跟着房门轻轻地开了，是老封人。

大家都是不快的眼神，一起射在他脸上。老封人却是笑嘻嘻地走到大家面前："你们都是孔子的弟子？"未待这些学生回答，他又向冉有拱手一揖道："刚才真的麻烦您了。老朽今天太高兴了，现在才知道活到这么大年纪真是有福气。因为直到今天，我见过的那些大人物啊,都不能和孔夫子相提并论。能和夫子见上一面,这是老朽莫大的荣幸。老朽恭闻夫子之言,不知不觉中被折服了。老朽先前准备的话题,实在是不敢献丑呢。是啊,如今才知道,老朽原来是一个刚愎(gāng bì)自用的人。平常请教别的先生,不和他们争辩一场是绝不罢休的。但是,老朽今天在孔子面前,觉得自己还是个学生呢。同时,老朽的心也变得像婴儿一样纯真。一想起拥有这种心思纯净的时刻,如果能够平平安安地老去,那该是多有福气啊!如果是像这乱七八糟的社会,攒眉揪心地苦恼死去,那是多么痛苦的事啊!"

听了老封人一席话,冉有等人哑然无语,发愣地望着老封人。

老封人继续平静地说道:"幸运的是,诸位都追随了很好的导师。年轻的时候,能跟随着这样的导师求学,决然不会像老朽一般悲观厌世。看得出来,你们有人觉得跟随孔夫子周游各地,内心难免有点失落,但这是暂时的,要知道你们还年轻,需要历练。孔夫子的价值——不对!说价值是对孔子不敬——对了,应该说是孔子的精神,也就是他内心深处无忧、无惑与无惧的仁德,诸位如果想探得究竟,只有跟随你们的夫子,同甘共苦才能体会到的。诸位当中,如果还有人为夫子辞去鲁国大司寇的官职而失望的话,那一定会受上天的处罚呢。"

老封人说着,似乎有点兴奋,褶皱(zhě zhòu)的脸上浮现着红光。弟子们也受到了老封人的鼓舞,不知不觉中都端坐起来。

老封人挺直腰身,向他们走近一步问道:"诸位还认为不把你们的夫子留在鲁国做官是非常可惜的吗?"

大家没想到,老封人会进一步质问他们,没有一个人敢理直气壮地回答。这时,老人像呐喊似的声音冲进他们的耳朵里:"你们的夫子，不是为了你们的功名利禄才降生到这个世界上的！"

这句话如电光火石一般，刺激得整个房间的弟子们好像石头似的僵坐不动。老封人稍微曲了曲腰身，仰起那苍老的脸，双眼发出异样的光亮，注视着冉有的脸。

冉有在这种目光注视下，嗫嚅（niè rú）着想说又不敢说。这时，老封人突然笑着拱拱手说道："哎呀！诸位孔门高足啊，实在抱歉，刚才说得这么大声，失礼了！当然，老朽也知道你们打心底关切夫子的处境。你们要引以为荣耀的是，身处这样的乱世，你们的夫子勇于担起重整社会道德的重任，愿为天下人而自己去亲身经历苦难。这也可以说是上天给夫子的使命吧！在我们卫国，如果朝廷有什么政令或教导要传达给老百姓的时候，每次使用那种金口木舌的木铎，一边摇响着木铎，一边宣传政令或教导。在你们鲁国也有这种无意义的玩意儿吗？那种木铎只是扰得人耳中起茧，其实没有啥效果的。不过那些当官的大人们喜欢这样做，我们又能怎样呢！每次一听到木铎的响声，我就想，如果人间世有一个传达上天政教的木铎的话……"

说到这里，老封人好像要测试大家的反应似的，一一观察着他们的脸，又严肃地说道："诸位难道还没明白吗？你们的夫子就是这上天的木铎呢！"

房间里又回复肃静，大家被老封人的言语给震得不轻。老封人不待大家反应过来，向大家躬身一揖，笑道："呀！我说得太多了！祝诸位一路平安！"说完，迈着苍老的步伐而去。

大家像机械一般，目光随着老封人的背影而动，等到他的身影消失在门外时，冉有像是从梦中惊醒般，匆忙向孔子的房间走去。

子畏于匡

子畏于匡，颜渊后。子曰："吾以女（rǔ）为死矣！"曰："子在，回何敢死？"

——《先进篇》

子畏于匡，曰："文王既没，文不在兹乎？天之将丧斯文也，后死者不得与于斯文也！天之未丧斯文也，匡人其如予何？"

——《子罕篇》

参考语译

孔子在匡地受到当地人围困，颜渊最后才逃奔来。

孔子忧急地说："我以为你已经死了呢！"颜渊说："夫子还活着，我怎么敢死呢？"

孔子在匡地被当地人围困。孔子说："旧的文德之王已经过去了，文化传统不都在我身上吗？上天如果要斩断这种文化的传承，后代的人就不会有机会学习这种文化了。如果上天不会断掉这个文化道统，那么匡人又能拿我怎么样呢？"

"夫子，当年和阳虎一同攻城的时候，就是从那一个缺口进城的。"颜刻赶着车子，举起马鞭指着崩塌的城墙缺口，对孔子说。

孔子一行，正在离开卫国赶往陈国的途中，这时到达靠近卫国边境的小城匡邑的城门。

"听说阳虎那时候在这里到处搜刮抢掠，无恶不作，有这回事吗？"孔子望着车窗外的景致问颜刻道。阳虎，也就是阳货，原是鲁国大夫季氏的家臣，后来阴谋作乱失败，在逃亡他国途中，入侵匡邑，暴虐无道，民怨甚深。

"是呀！真的是胡作非为，他们在匡地掠夺财产、拘禁妇女，简直是无恶不作。我想匡地的人现在一听到阳虎的名字，一定是咬牙切齿、恨之入骨。"

"是吗？那你也是被憎恨的人之一啊。"

"唉，说来惭愧！形势所迫嘛，在当时我还能咋办呢？如果不跟随他，说不定就没命了。"

"那你也跟他们一起做了残害百姓的恶事？"

"不，不！夫子请相信我，我没有干过对当地百姓的暴行恶事。我为什么要从阳虎的巢穴中逃脱，您现在能理解了吧。"

一行人讲述着这些往事，很快就进入了城门，来到他们所预定的旅舍安顿下来。

刚开始时，相安无事。但是，用过晚餐后，大家正想回房歇息时，门外忽然传来一阵吵嚷声。有两三个孔门弟子就跑出去打探，这才发现，不知什么时候，旅舍周围站满了全副武装的兵丁，还有成千上万的老百姓围在外面。

"这位军爷，请问出什么事情啦？"一个弟子向站在门边的兵丁施了一礼，小心地问道。

那兵丁回头瞪了这位弟子一眼，没有回答。接着，这位兵丁走到另一位兵丁身边耳语了几句。那个兵丁点了点头，立即跑开了。

紧张肃杀的气氛弄得这几位孔门弟子心里有点儿恐惧，想知道发生了什么事情，他们站在那里观察着四周的动静，等看仔细了，再去向孔子禀报。不一会儿，刚才那位似乎去传令的兵丁进来了，走在他前面的似乎是一个头目，这个一脸络腮大胡子的人看起来很有威严。

"除了特别批准，这家店里的任何人都绝不许放出去，听见没有？"大胡子瞪大着眼睛，挨个扫视着周围的兵丁，大声命令道。接着，他又注视着站在那里的几个孔门弟子，很仔细地打量着他们，像是在找什么人似的。

弟子们都觉得莫名其妙，难道眼前的情况跟他们有关？于是，他们急忙进去告诉大家门外的动静。

"别担心，这怎么会和我们有关系呢？或者是有什么误会吧……好了，大家都去休息吧。要有什么事情的话，他们会进来说的。"孔子若无其事地说罢，回到了自己的房间。

但是大家的情绪很难一下安定下来，尤其是颜刻，他很是不安，好几次都看着窗边，观察着外面兵丁的动向。

"大家少安毋躁，我去查明真相。"大弟子子路是个急性子，再也忍耐不住，挎着佩剑，大摇大摆地走了出去。

过了一会儿，子路回来了，神情显得很兴奋："真是混账透顶！外面那些家伙把夫子当成阳虎了。"

"什么，阳虎？"弟子们都觉得很意外。

"是啊！他们都说，今天亲眼看到的，坐在车厢里的分明就是阳虎。"

"啊，这真是天下奇闻！"

"嗨，也难怪他们这样说。各位同门，你们仔细看看，夫子的外形，看起来确实很像阳虎呢。"

"有点像又怎样？他们也太过分了吧！他们如果仔细观察跟随夫子的人，难道就看不出来不是阳虎？"

"看来还是随行的人有很大的责任。"

"你这话怎么说的，难道是我们？"

"不，不是说大家。其实，今天是颜刻给夫子驾车才会引起匡人的误会。"

"对啊，可不是吗？他们看见颜刻驾车，就以为坐在车上的是阳虎，并且夫子的身形也很像阳虎，难怪他们要怀疑了。"

颜刻一听这话，顿时有点儿傻眼了，只好呆呆地听着大家你一言我一语地数落着。

"如果我们告诉外面的人，说我们是孔子的弟子，他们一定会明白自己看错人了。"

"没用的，事情没那么简单。阳虎与此地的百姓结下了深仇大恨。这些当兵的会觉得万一上了当，把真凶阳虎放走了，百姓怎么会原谅他们呢？"

"要不请夫子亲自出去见他们，当面说清楚，难道他们还会怀疑是阳虎吗？"

"这样做太冒险了，也是没有把握的事情。听说当地认得阳虎的人，是一个名叫简子的人，是他坚持认为夫子就是阳虎呢。"

"那我们该怎么办才好？如果再犹疑不决，暴民们就要闯进来了。"

"不会，不会的！他们不至于那样不讲理。匡人对于真正的孔子，不应该做出那种无礼的行为，他们对这件事情也会很慎重地处理的。"

"不过，在匡邑，至少还有见过夫子的人吧？"

"如果有这样的人，问题当然就解决了。倒霉的是，这匡城里，有很多认识颜刻和阳虎的人，见过孔子的人却半个也没有。"

"那怎么办？"

"只有让他们确证是孔子一行人，否则，可能把我们一直围困在这里。"

"啊，那要等到啥时啊？"

"他们说，到核实清楚至少要三四天，而且他们已经派人四处去调查了。"

"唉，这些人真是糊涂，我们也等不了这么久啊！"

"那有什么办法呢？听天由命吧！当然，如果耽搁太久，我们也要想对策应付才是。"

"嗯，对！"

"对了，不知道夫子睡着了没有？"

"大概还没……"

"我还得报告夫子。"子路说着，往孔子的房间而去。

子路离开之后，大家好像没了主心骨，面面相觑，相顾无言。窗外,不时传来兵丁的喝斥声和兵器的碰撞声。每当听到这种声音,颜刻就担心地看着大家。

没过多久,子路就进来了:"夫子说,我们不要刺激他们,暂时忍耐才对。夫子现在最担心的是走散的颜渊。"

按照路途计划,颜渊应该今晚深夜会到达匡地。

"是呀,我们差一点忘记颜渊了。也没多久了,他就会到。如果他不知道有了这种变故,到处向人打听孔子一行住宿的旅馆,恐怕有点不好吧。"

"他做事很谨慎的,我想不会发生什么意外……"

"不过,他做梦也想不到会发生这种变故的。"

"我们可以替他想个办法吗?"

"办法?有啥办法?"

"派人悄悄溜出去,到城门附近接应他。"

"可是,在这样严密的封锁之下,谁能做到呢?"

"不如我们先找他们领头的商量商量,说不定也是一种办法。"

"不行吧,万一弄巧成拙呢?"

一时间,大家议论纷纷,各自提出意见。

闵子骞一直都没说话,拢着手在一边作深思熟虑状,这里见同学们渐渐没了讨论的热情,脸上开始出现悲观失望的神情,于是开口说:"颜渊比我们都聪明,夫子也一定认为无须替颜渊担心。"

冉伯牛与仲弓两人也一直保持着沉默,听闵子骞说完,二人都深深地点头,表示完全同意。这时,子路也说:"其实夫子的看法也是如此。虽然夫子很惦念他,但夫子说,与其我们在这里胡思乱想,还不如让他自己应对更妥当。"

大家都知道，孔子非常信任颜渊。有个学生甚至想起孔子曾经说过的："我和他讲道理，他只是整天注意听着，也不提问，看起来就像个傻蛋，但其实不是蠢货，他的领悟力非常的高，他沉默寡言，不断努力铸造自己的德行。无论处于什么样的境遇，他都能够认清自己的道路而不迷失。他绝对不是个呆瓜！"（吾与回言终日，不违，如愚。退而省其私，亦足以发，回也不愚。）

大伙儿不约而同地想起了孔子对颜渊的评语，再想想颜渊平时的言行，确实没有谁敢说自己比得上他。而且，大家也不敢违背孔子的教导，纷纷打消了去帮助颜渊的想法。

"今天晚上既然没啥可做了，那就只能睡大觉啰？"

"唉，还能怎样，我的心可一直不能镇定呢！"

"是呀，躺床上也睡不着呀！"

大家无时无刻不注意着门外的动静，在那里说着话，透露或掩饰着心里的不安，都不想去睡觉休息。直到夜已深了，他们才回到各自的房间。

天终于亮了，不安的一夜终于过去。整整一个晚上，门外兵丁们的脚步声，总是没有间断过；而颜渊也没有按预定时间回来。

直到第三天，门外的封锁依然没有解除，不安的气氛越来越深地笼罩着弟子们。孔子和五六名优秀的学生，仍然保持着冷静的举止，只是内心里因无法获知颜渊的消息也非常担忧。偶尔，孔子也会轻微地叹息，这让弟子们听到了无不感觉更加忧虑。

对颜渊的牵挂，子路表现得特别强烈，脾气也变得更加暴躁了。孔子始终关注着子路，尽可能告诫他，想法让他的情绪平稳下来。所以，孔子多次组织大家奏乐、唱歌，每次都叫子路一起唱和。

到了第四天一早，孔子、子路和弟子们正围坐着唱歌的时候，颜渊忽然出现在了门口。人人欣喜，孔子也中断了唱歌，急忙跑到颜渊身旁，拉住他说："啊！你平安了！我还以为你死了呢！"

颜渊热泪盈眶，答说："夫子您还在，我怎么敢先死呢！"

纷纷簇拥着的弟子们，听到二人的对话，都感动得说不出话了。

"你坐。"孔子牵着颜渊的手，把他领到自己的座位旁边，让他坐下，接着就迫不及待地问他这几天去了哪里，经历了什么，又问他怎样突过重围进入旅舍的。颜渊回答说："那天晚上，我一进城门就感到情形不对，于是我装着不知道，决定另外找一家旅馆过夜。这四天里，我想尽办法向周围的老百姓宣传夫子的高尚品德和事迹，大伙儿从卫国到陈国这一路的艰苦跋涉，告诉他们夫子一定会路过这里。后来，我听到从旅舍中传出弦歌的声音，真的是感慨万端！有的老百姓听到了音乐声，就说阳虎绝对不会奏出这样美好的音乐。后来有很多人也这样说了，我就安心了。我下定决心去见带兵的老总，告诉他实情，请他让我进来。没料到，我一说，他就很痛快地让我进来了。但是他还是吓唬我说，进去容易出来难，如果我要进去，恐怕就无法再出来了……"

弟子们听了，你看看我，我看看你，亦喜亦忧。颜渊平安归来，使他们稍微松了口气，但悬着的心还是没法完全放下来。

孔子露出阳光般的笑容，几天来的愁颜都消失了，高高兴兴地说："现在既然全都到齐了，大家平安地在这里了，也就别担心明天会怎样了。你们今天晚上就睡个安稳觉，好好休息吧！"

孔子说着，正要站起来去房间时，门外忽然传来一阵打雷般的叫骂呼喊声，接送又传来骤雨般的喧哗，并渐渐逼近了，甚至可以清晰地分辨出来不同的嗓音：

"就是阳虎！不管咋说，是阳虎准没错！阳虎，快滚出来！"

"万一是孔子他们，你怎么办？"

"管他万一不万一，我们的家都被那货毁了！那货的长相，一直印在我的心里！"

"好了，好了，你们说得都对，可是大家忍耐一下，再等一天！费劲巴拉地都忍到现在了，请大家再等一天好不好？"

"到了明天，你一定把那些家伙交给咱们处理，对吗？"

"那要看上面的命令怎样。"

"看！你们还是含含糊糊，想骗我们，那可不中！"

"不会骗大家的！现在正在核实中，明天结果就出来了。"

"哼！核实个卵！你们是被那些家伙的歌啊乐啊给迷惑了，连你们长官也说必定是孔子他们，这样的调查有毛意义，滚犊子吧！"

"当然不单纯是凭音乐来判断的，最近也传来消息说，孔子一定经过这里的。"

"那是两三天前有个鬼鬼祟祟的家伙在这里造的谣、传的谣。"

"不见得都是。"

"那你说，你有什么具体的证据？"

"证据在首长那边。"

"扯犊子了吧？长官那里！滚开！按俺们的办……喂！大伙儿快过来！"

"不许动！"

"……啊，你竟然打我？"

"……"

"你想干吗?"

听着听着,弟子们听到外面的人似乎起了纠纷,接下来的是百姓们的呼喊声、兵丁们的喝斥声,还有脚步的奔跑声、兵器的碰撞声,以及抛掷石头打着东西声……各种响音杂乱地混为声浪,震动屋瓦。

弟子们紧紧地围绕在孔子身边,想要保护孔子,但弟子们也感到害怕,很多人脸色发白,有的还浑身发抖。

孔子闭着眼睛,静静思索了一会儿,然后缓缓地睁开了眼睛,扫视过弟子们的脸庞:"不要畏惧。都坐下来吧。"

孔子一边说着,一边回到自己的座位。弟子们虽然也跟着坐下来,可是大部分人还是探高上半身,像是准备随时逃离。

孔子用严肃的声调徐徐说道:"自从文德之王去世后,继承古圣先贤道统的人就是我啦。我相信这是天意,是长期传授先王之道的天意。如果天意要消灭先王之道,为什么出生于后世的我能够闻知古代的《诗》《书》《礼》《乐》呢?上天一定会保佑我,嗯,保佑我完成传道的大使命。我是承奉天意维护培养先王之道的人,匡地这些人又能把我怎样呢?大家安心好了。"

准备随时逃命的弟子们,这时才安心地端坐下来。

"并且……"孔子又说,"人,生来都有求道与钦慕仁德之天性。因此,德行决不孤立。无论怎样寂寞,只要坚守仁德,一定有人会受到感应而与你携手同行。匡邑的百姓也是人啊,他们虽然憎恨阳虎,但绝不会憎恨我孔丘。大家别担心,只要相信上天,相信自己,堂堂正正地做人,大道自然会出现在我们面前。"

门外的骚扰还没有停,但是室内一片宁静。

孔子说完，再一次望着大家，独自连连颔首。

孔子看到惶恐地躲在角落里的颜刻时，含笑说："哦！颜刻也平安。好极了。"

颜刻越发感觉羞窘了。

"好吧！仲由啊——"孔子满脸笑容地招呼子路，"我们再一起唱一首文王的歌曲吧。"

子路把刚才紧张得几乎捏出了手汗的佩剑，竖在身前，用右手拍着剑鞘打节拍，伴奏起来。

师徒二人一唱一和，其他弟子倾听着朗朗的歌声，不久，大家都陶醉在古老歌曲的旋律中，有的也跟着拍打剑鞘，有的则唱出嘹亮的歌声。

门外的喧哗和室内的旋律交织着，在星空下竞奏着，喧哗声逐渐被优美的旋律淹没……过了一会儿，匡邑的家家户户似乎都在这摇篮曲似的动人旋律中平静了，纷纷回家睡觉歇息，然后进入甜蜜的梦乡。

第二天，带兵长官和五六名匡邑的官吏，恭恭敬敬地来求见孔子。

比谁都早起的是颜刻，可是，那天出发时，他再也不敢坐在孔子的车前执辔（zhí pèi）驾车了。

宁媚于灶

王孙贾(wáng sūn gǔ)问曰:"与其媚于奥,宁媚于灶。何谓也?"子曰:"不然!获罪于天,无所祷也。"

——《八佾篇》

参考语译

王孙贾向孔子请教:"人家都说与其奉承奥神,不如奉承灶神。请问这话是什么意思呢?"孔子说:"不是这样的。如果得罪了上天,那就没有地方可以祷告了。"

孔子完全放弃了留在卫国的念头，决定尽快离开这里。虽然卫灵公曾经馈赠（kuì zèng）了六万俸粟，以表达对孔子的敬意，但孔子认为那不过是灵公做给外人看的罢了。孔子在政治方面的建言，灵公完全没有采纳；而且灵公的夫人南子在私生活方面不检点，这对于倡行正道的孔子来说，也是难以容忍的。

然而，孔子没有马上离开，因为在卫国招收了很多学生。在人数上，孔门弟子以孔子的故乡鲁国为最多，其次就是卫国了。想起这些卫国的门生弟子，孔子总是不忍心离去。

周游列国时，孔子有好几次来到卫国。孔子辞掉鲁国大司寇不久，第一次带着弟子们周游列国，先来到卫国，但停留的时间很短；后来，又去了郑国、陈国等地，几经周折，又转回至卫国。孔子在这次游历中，看到诸侯国国君的操守卑劣、目光浅陋，这让他深感沮丧。但孔子心境逐渐冷静下来，经过痛苦思考，觉得与其徒劳地到处寻求明君，不如安稳地在一个地方专心教育子弟，培养更多的人才。

孔子在陈国时，曾经感叹道："回去吧！回去吧！家乡的子弟个个具有理想，心地纯真。他们年轻而狂狷（kuáng juàn），还不知行中庸之道（归与！归与！吾党之小子狂简，斐然成章，不知所以裁之）。可是，只要善导他们，将来的希望是无穷的。我要回去好好地教导他们，这比游说那些格局狭小、见识短浅的诸侯们更有意义啊！"

从孔子的感叹，我们也可以看出他无奈的心境之一斑。

孔子对卫国的弟子与鲁国的弟子一视同仁地指点提携，看着卫国的弟子日益成长，也很是开心。对灵公无道、南子荒淫，以及他们所造成的污浊败坏的社会风气，孔子看在眼里，内心很沉痛。可是，这种境况里，只要一面对年轻活泼、充满着朝气的门生弟子，谈谈《诗》《书》《礼》《乐》，讨论讨论天下局势大事，孔子就忘却了身在异国他乡的寂寞惆怅，再浓的乡愁也有慰藉和寄托，因为，在这里也能传授大道探究大道，那其实也就没有离开心灵的故乡。

孔子不再理会卫国当权派的荒淫无道，虽然决意离开卫国，但是因舍不得朝夕相处的卫国弟子，就又待了很长一段时间，并尽心尽力去教导他们。就像即将远行的父母，临别时轻轻地抱起孩子久久地亲吻，同样的，孔子把弟子们的心轻柔地拢在他那宽大的胸怀里，希望能在有限的时间里带给他们更多仁德的光芒。

孔子的卫国弟子中，有个叫王孙贾的。他虽是孔门弟子，但位居卫国大夫，统率卫国军队。孔子在与季康子谈话时，曾指出过灵公昏庸无道却没有亡国的原因："仲叔圉（zhòng shū yǔ）治宾客，祝鮀（zhù tuó）治宗庙，王孙贾治军旅。夫如是，奚其丧？（灵公有仲叔圉接待宾客，祝鮀管治宗庙祭祀，王孙贾统率军队。像这样，怎么会丧失国家呢？）"由此可知，王孙贾在卫国的地位是很重要的。

王孙贾当然希望孔子长住卫国，思索着："其实，夫子想留在卫国。只不过君上对夫子是敬而远之，以致夫子不能和他接近。既然看到了这一点，我应该在他们俩之间尽力斡旋（wò xuán）促成才是。但是，要说服君上亲近夫子不是件容易的事情，还不如劝说夫子自己积极地接近君上吧。如果我找个适当的机会劝劝夫子，他老人家应该不会太固执吧？不过，马上请他和君上见面，似乎不太明智。如果不等待适当的时机而贸然让他们见面，操之过急，事情会办砸的。依目前的情形看来，最好还是暂时委屈夫子辅助我这个大夫处理相关的政事，趁此机会，把夫子的本事显露给君上看看。嗯，不错，这倒是个办法。只要有了不错的政绩，君上也不会再像从前那样对夫子敬而远之了，而是会欣赏夫子了，夫子也能把他的抱负理念，影响君上，并在这个国家践行施展开来。"

有一天，王孙贾趁着孔子身边没有其他学生的时候，驱车前去拜访。

王孙贾这么热心，其实是有他的私心计算的。一路上，王孙贾还不断地合计着，如果能按计划顺利进行，那么自己的地位也会得到很大的提升。

"有万人所敬仰的夫子替我助阵，就可以放手大干，操作我的政事。老百姓的赞誉将会渐渐地集中在我身上。那专横无道的君上，看到这种情势，就会开始注意自己的言行形象。百姓就会越加赞美我的德行。这时，选择适当的机会，请君上正式启用夫子，让夫子参与机要、决策国家大事。那么，卫国的政治将更加清明，国势也将逐渐壮大。还有，夫子绝不是那种争功夺利的人，他会感谢我在朝堂协调中的努力，把所有的功劳都让给我。——哎哟，我怎么会有这种念头呢！这种属于夫子的荣誉绝对不可以独占。况且，面对仲叔圉、祝鮀二位大夫，我更应保持谦逊的美德，免得惹他们忌讳和嫉妒。这样的话，我的声望不但不会降低，反而会……"

王孙贾浮想联翩（lián piān），憧憬（chōng jǐng）并陶醉在受到万人拥戴的情景里，飘飘然得意地眯起了双眼。忽然地，王孙贾想起了尧把帝位禅让给舜这一伟大的历史佳话。若不是因为这时马车驶进了坑洼路面，把王孙贾狠狠地颠了起来，那么，他的幻想中还不知要把自己和舜做怎样的比较呢。

猛然的颠簸冲击，震醒了王孙贾，不禁叫了一声："啊！不对！"

车夫听到叫声，握紧缰绳，随口答道："现在这老百姓真懒，也不修修路……"

王孙贾的心思完全在别的事情上，对于车夫牛头不对马嘴的应答，一点儿也没有在意。王孙贾试图打消刚才对古帝先王禅让情形的遐思联想，接连揉了揉自己的屁股。"幸好及时把这种念头打住了！要知道心里存着这种空想，到了夫子面前，那一切都完了。因为夫子能够一眼看穿人心的。前些时候，夫子曾经教我们如何观察鉴识他人。夫子对我们讲，一个人在他人面前无论如何隐瞒掩饰自己，在他人，尤其是在有见识的人面前，那些把戏都会很快原形毕露。我当时听完，内心似乎还有点儿抵触的感觉。夫子说，鉴别一个人要经过三个步骤的仔细审察，那么，人的善恶就可以完全明了了。首先要看一个人的行为，其次观察其行为的动机，最后细察其对于自己的行为是否心安意乐，或者观察他心之所安、意之所乐的是什么事物，也就是细察这人的真正兴趣和内心归宿。夫子能从对方眼神的微细变化，看透对方的心意。无论如何，在夫子面前，我绝对不要在内心存有丝毫的私欲杂念。"

想到这些，王孙贾有些心虚地收回了那些荒唐的思绪。但胡思乱想之后，心里还残留了些好像宿醉后袭来的一种不可名状的怅惘（chàng wǎng）。"我驱车求见夫子，到底是想做些什么呢？我这不是太轻率了吗？"王孙贾的心中顿生烦恼，"如果夫子听我说，不是要他直接事奉君上，而是请他屈身做一个大夫的政治顾问，他将怎么想？

何况，那个大夫还是我王孙贾。对于夫子来说，我也就是一个弟子罢了。"

王孙贾在车上坐立不安，为自己的冒失后悔不已，当初应该反复仔细地考虑才对呀！可是到了这地步了，不去也不好意思了，毕竟自己和孔子约好了。

王孙贾能感觉到，车子现在又驶在了平坦的路上，因为比先前跑得更快了。

要么改换来意，要么选择别的话题。王孙贾就这样想着，一时间却毫无头绪，想不出适当的话题。

王孙贾的马车来到孔子住处的门前，也就是子路的大舅子颜雠由（yán chóu yóu）家的门口。

王孙贾没精打采地下了马车，一点儿也没有来时的兴致了，面对迎候的人的寒暄，他也无心应酬，随便敷衍了事。但一跨进大门，王孙贾下意识地想到，不端庄的姿势、垂头丧气的神情，不是一位大夫应有的仪态，于是打起精神昂起头，抬眼打量了下堂屋的屋顶，迈步直往前走。

王孙贾看到厨房的屋顶上直直地升起黄色的炊烟，注视着那一缕一缕升起的炊烟，不知怎的就联想到了厨房里面的柴灶。能够联想到灶，对王孙贾来说，简直就是神明的启示。

"对了！"王孙贾心中暗喜地叫道。

上天的启示，大概就是指的这种场合吧。望着炊烟联想到灶的那一瞬间，王孙贾忽然想到了足以解救他现在的苦恼的一句谚语："与其讨好奥神，不如侍候灶神。"

"奥"是古代家庭所供奉的家神，是一家主神。家里有家长，就有家神。奥神是祭祀时的常尊，地位也显贵；在屋子的西南角，是一家主神的位置。"灶"是祭祀、炊煮饮食之神。灶神和门神、土神、户神、路神等四尊神，并称为五祀。五祀诸神的地位较奥神低，凡进行五祀，都要先设奥神的神位进行祭祀。但五祀诸神都有其固定的神明，祭祀时内容也较丰富并且有实质性的东西。而奥神虽然是家里的主神，较五祀诸神地位高，却没有特定具体的神明，祭祀时没有具体的祭祀对象，通常都是在祭过五祀之后，才象征性地迎接假扮的奥神，做做形式上的祭祀。

王孙贾想起这句谚语就高兴的原因是，自己心底其实觉得卫灵公就好像是奥神，而自己就像是灶神。

王孙贾思量，我装着不懂这句谚语，去向夫子请教。如果孔子认为"讨好灶神"没什么不妥，也不反对实际有人这么做，那就抓住机会表明自己的心迹，说明自己具体的计划安排。不然，就绝不再提这个事情了。

"'只要肯去想办法，办法总比问题多。'嗯，这话说得真是好。"王孙贾走进孔子内室前，给自己的神来灵感下了个断语。

孔子正在闭目静坐中，知道王孙贾来了，虽然他是自己的弟子，但还是站起来迎他。

"夫子，您觉得怎样，还顺心吗？"王孙贾施礼毕，一边坐下一边问候。他知道孔子周游列国却很不得志，因此才选择这种问话作为开场白。

"我的弟子里头，有个叫颜渊的小伙子，他的生活不管如何窘迫，精神上还是很快乐的。"孔子不说自己，却谈起得意的弟子，其实是表明不纠结于一己得失的态度，也借颜渊安贫乐道表明自己的心境。王孙贾当即意识到自己的愚蠢，微微地羞红了脸。

"君上绝不是未曾想起启用夫子，而是有很多复杂的内部原因，一直拖到现在……"

因为直说难免显得突兀（tū wù），本来是要避开有关孔子出仕的问题，想在提出刚才想到的谚语前扯点儿铺垫的话题，可是哪曾料到，控制不住似的，居然开口就直奔孔子所在意的、不舒心的事情上了，王孙贾自己也感到有点诧异。

糟糕的开头，王孙贾的舌头都不听使唤了似的，谈话进行得磕磕绊绊的，说着说着，就不得不停顿下来。沉默了一阵儿，王孙贾终于下定决心，像是忽然想起了什么似的，问孔子："夫子，我年轻时多次听到别人讲：'与其讨好奥神，不如侍候灶神。'我总是觉得不能同意这句谚语，而是有点儿反感。不过，在我经历了诸多事情，处理了很多公务之后，私下里不得不承认它也包含着一定的真理，弟子这种理解是否妥当呢？"

孔子微微皱了皱眉头，注视着王孙贾，仿佛要在他脸上寻找什么似的，然后微笑着慢慢答复："没有一丁点儿真理。"

王孙贾原本就料到会遭到孔子的否定。只是，他觉得孔子的态度和声色，较平时格外严厉。这倒是个意外，孔子的态度让他好像被推入冰窟窿（kū lóng）似的，背脊觉得一阵寒冷。

孔子端坐着，继续说了："我们不要获罪于天。若是违背天道，还要祷告什么呢？侍奉奥神或灶神，又有什么用呢？因为，天是一切的支配者，是真理之源。"

王孙贾听着孔子的解释，心中的幻想渐渐消逝，对孔子的教导连连点头表示信服。但是，王孙贾的心底仍认为，孔子需要找一个出仕做官的机会；但是孔子固执守道而不愿变通的性格，让诸侯都不喜欢，所以得不到做官的机会。对孔子的这种固执态度，王孙贾觉得不理解，甚至有点烦了。

"太不懂得变通了！如此下去，暂时恐怕还没有希望呢！"想到这里，王孙贾觉得无话可说，应该借机告辞了。

这时，孔子再次强调："不但不讨好灶神，而且不讨好奥神，这才是君子之道。君子之道只有一个，是一以贯之的。"

王孙贾是聪明人，感到孔子已看穿了他的来意。听到孔子这么说，也懂得孔子的训诲之意。王孙贾心中羞愧不已，浑身都不自在，赶忙拜辞。

然而，也正是由于这个时候这件事情，王孙贾才真正认识到了孔子那高洁的品格。

不久，晋国的赵简子特派使者到卫国迎请孔子。王孙贾亲自送孔子至卫国边境，希望因此能得到孔子更多的教导，哪怕是多学习片言半语，也将感到非常高兴了。

司马牛之忧

司马牛忧曰:"人皆有兄弟,我独亡!"子夏曰:"商闻之矣:'死生有命,富贵在天。君子敬而无失,与人恭而有礼,四海之内皆兄弟也!'君子何患乎无兄弟也?"

—— 《颜渊篇》

司马牛问君子。子曰:"君子不忧不惧。"曰:"不忧不惧,斯谓之君子已乎?"子曰:"内省不疚,夫何忧何惧?"

—— 《颜渊篇》

参考语译

司马牛忧愁地说:"别人都有兄弟,唯独我没有。"子夏说:"我卜商(bǔ shāng)听说过:'死生有命,富贵在天。君子只要对待所做的事情严肃认真,不出差错,对人恭敬而合乎于礼的规定,那么,天下人就都是自己的兄弟了。'君子何愁没有兄弟呢?"

司马牛问怎样才能做一个君子。孔子说:"君子不忧愁,不恐惧。"司马牛说:"不忧愁,不恐惧,这样就可以叫作君子了吗?"孔子说:"自己问心无愧,那还有什么忧愁和恐惧的呢?"

司马牛落后了一大段距离，慢慢吞吞地跟在孔子一行后面。司马牛独自一人走着，看着前面大家都那么亲密地一路谈笑风生，心里很羡慕，也很想跟大家有说有笑地一起，但是一想到孔子他们不能长期留在宋国，是因为自己的哥哥桓魋（huán tuí）企图迫害孔子，心里就惭愧不安得很，情绪也越来越低落，感觉连走路都没劲了。

"怎么摊上这么野蛮的哥哥呢？"司马牛想起这件事，就不停地叹息。但最让他深刻感动和肃然敬佩的，还是哥哥桓魋要加害孔子时，孔子面对危急所说的话："上天既然授予德行在我身上，如果我有什么幸与不幸，那是天意决定的。桓魋这个人，他能把我怎样呢？"（天生德于予，桓魋其如予何？）

"这是多么泰然自若的话啊！孔夫子正如他所说的，'尽人事而听天命'。不更衣化装，也不坐马车，不惧他们追赶，处之泰然，静静地离去，这是多么识见高超的行为啊！我哥哥可能还以为孔子是惧怕他的威势而逃离的呢，没有想到孔子其实就不把他当回事儿呢！"

不被当回事儿的哥哥！司马牛想到这里，不禁心塞心惊。而且，二哥子颀，三哥子车，都是一样的胡搞乱作的人！宋国变得这般动荡不稳，完全是他们三人把持军权、图谋不轨造成的。

"不知道夫子对我的看法咋样？我希望跟他们在一起，接受夫子的教导。可是，大家的视线时不时地不约而同地集中到我身上，那眼神好像都在说'有其兄必有其弟'，难道大家对我也怀疑了吗？大概只有夫子不会对我这样想吧？然而，夫子和我目光相遇时，为什么马上避开呢？唉！他们都讨厌我，这日子过得真烦啊！什么都令人烦！干脆离开他们算了，逃到深山老林里去躲藏着吧！但是，这样做，会更让人怀疑呀，大家会以为我又投靠到哥哥们那儿去了，那还不如留在这里忍受他们的鄙视呢。"

司马牛就这样胡思乱想着，弄得心里又烦又累，落在孔子他们一行之后。也没有人回头看看司马牛，这更加令他心神不定，觉得大家是故意这样的，他心里更感孤单了，完全没心情去赶上大家了。

渐渐接近黄昏时候，四周山野萧条，秋风忽然吹起，冷冷的，让人内心更加凄凉。司马牛走在徐缓的山坡上，前面孔子和弟子们已到达顶处了，在下山了，他们的身影一个又一个没入山后。当最后的一个人影也消失的时候，司马牛的眼睛倏地（shū dì）红了起来，不知不觉中面颊上流下了两行泪水。司马牛真想放声大哭！

"喂——怎么了？！"是子夏的叫声。子夏又回到了高地，在叫司马牛。

司马牛赶快擦干眼泪，若无其事似的，加快了脚步。

"是脚痛了吗？"

"没有，不要紧的。"

"大家谈得太投机了，都没注意到你掉队了。被夫子提醒之后，才发现你没有跟上来。"

子夏的语气很真诚，没有一点儿做作。司马牛听了非常高兴。孔子发现司马牛落在后头而提醒了弟子们，这让司马牛心里十分感动，夫子还是像过去一样地对我啊！司马牛微笑着，虽然看起来有点落寞。

"好像没精神啊?"子夏边跟司马牛并肩走着边说道。

孔子一行正停在路边,等着他俩。看着他俩从高地上往下走,大家就又开始赶路了。

"确实没精神,我实在孤独极了。"司马牛想了一会儿才回答,心情又慢慢变得沉重起来。

"我理解你的心情。但是,你不要想多了。你又没有错。我们大家反而都很同情你哩。"

"……"

两个人都沉默不语。司马牛静默了一会儿,重重地叹息了几声,才又说道:"唉,人家都有很好的兄弟,独独我一个人没有!我没有兄弟!"

这次,子夏也跟着感叹了,但是随后就笑着说:"别再那么伤感了。我常听夫子说:'死生由命,富贵在天。君子敬而无失,与人恭而有礼,四海之内皆兄弟也!'(君子只要自己踏实慎重,没有错失,接待人谦和恭敬而且有礼,那天下的人都是兄弟呢,并不只是血亲的兄弟才是兄弟。)现在,你看,前面与你一起赶路的师兄弟,不都是你心灵上的兄弟嘛?"

"大家会真正把我当兄弟?"

"你还咋想呀?哎!你悲观的思想等于折磨自己,等于让朋友失望。提起精神来,有点信心,好不?还有好长的路要走呢。"

司马牛觉得自己的脚步较之前轻快了一些。

"快,跟上他们!"子夏催促着,迈开大步赶上前去。

在山坡下的小桥边,司马牛和子夏赶上了大家。孔子和弟子们都在那儿休息。所有人都神色从容,似乎是在郊游一样悠然自得,而不像是在匆匆忙忙的行旅中：子游与子夏边欣赏着景色，边吟唱着诗歌；宰我与子贡站在那里高谈阔论；子路与冉有则在商量今晚的住宿事宜；颜渊、闵子骞、冉伯牛、仲弓四人，虽然并肩坐在一起，但他们好像各自沉浸在自己的思索之中；孔子坐在离他们稍微远一点的地方，凝视着流水。

司马牛悄悄地观察着大家，最后下定决心，走到孔子面前。

孔子知道是司马牛过来了，就抬起头，微笑着看着他。

"夫子，让大家久等了，对不起！"

"身体不舒服吗？"

"没有，没有……我只是想起一些事情，所以……"

"想什么呢？就是……"

孔子的脸色变得有点担心。本来，司马牛想坦白告诉孔子自己心中的烦恼，可是他觉得孔子已经看穿了他的心思，似乎在责备他，于是在慌张之中就把胡乱想到的一个问题，来请教孔子。他请教的问题是，大家常使用的"君子"这个词的定义。

孔子闭眼想了想，徐徐地说道："君子不忧不惧。"

司马牛认为孔子给的说明太简略了，但是又认为这句话里面，可能含义深远，于是他问道："不忧不惧，就算是君子吗？"

"不忧不惧，不是任何人都能够轻易做到的。那是能够在自我反省时可以不感到愧疚的人，才能达到的境地。他们平日所为无愧于心，所以能够内省不疚。不忧不惧，是德全而无瑕疵的人才能做到，并不是有忧惧而强自排遣忧惧的意思。"

司马牛这才理解孔子的意思。可是，仍未能把孔子的说明和自己所提出的问题对照。看他依然没领会自己的意思，孔子皱了皱眉，说道:"老是把别人对你的观感放在心头的人,这种人的心里一定还有不那么光明正大的地方呐。"

司马牛吃了一惊,才想到孔子是在批评他。"心里一定有不那么光明正大的地方",这句话刺激了司马牛的神经。

孔子不容他分辩,又说道:"你和你兄弟的恶事无关,你自问也是没有怀疑的余地的,何必还是那么忧惧呢?何必像乞丐似的乞怜他人对你的评判呢?那不是你太把自己当回事了吗……我们还有很多事情要做呢。"

孔子的话语像一股强劲的大风,司马牛所有的忧惧,一下都被吹散了。然而,同时,司马牛不能不准备面临更大的忧惧,因为当他带着崭新的思考离开孔子身边时,发现人生的大道就像一座巨大的巉岩(chán yán)峭壁矗立在面前。

孔子与叶公

叶公（shè gōng，今亦读yè gōng）语孔子曰："吾党有直躬者，其父攘（rǎng）羊而子证之。"孔子曰："吾党之直者异于是。父为子隐，子为父隐，直在其中矣。"

——《子路篇》

参考语译

叶公告诉孔子说："我的家乡有个正直的人，他的父亲偷了人家的羊，他告发了父亲。"孔子说："我家乡的正直人和你讲的正直人不一样。父亲为儿子隐瞒，儿子为父亲隐瞒，这种做法自然就有正直的含义。"

自从孔子带着弟子来到"叶国"以来，叶公沈诸梁便变得很是心神不宁、忧忧郁郁。

沈诸梁从来没有见过孔子。说实话，他也不大喜欢见孔子。因为叶地是僭称为"国"的，叶地从前不过是属于楚国的一个地方县，而楚本为诸侯，却僭称为王，楚国大夫沈诸梁又将食邑叶县自称为"国"，自己也称为"公"。孔子一定对这事不以为然，说不定还会当面质问。这么一想，这个叶公就觉得心里发虚。

要知道，叶公从来没有在自己的"国家"认真施行先王之道。叶公认为，以现今的天下大势，那些迂阔的道德之论对现实政治只会碍手碍脚。至于表面上的粉饰功夫嘛，叶公自认还可以做到，用不着向孔子求教。

"我要是见了孔子，他会不会向我建言献策，提出一些谁都不敢正面反驳的所谓的理想社会构想呢？若是允许他在我这叶国大放厥词，老百姓是很容易受蛊惑轻信的，他们就以为孔子所提倡的先王之道会很快实现，而实际却是害得他们空欢喜一场。这种空口许诺的政治行为，是危险无比的。就像小孩子没看到糖果时还很听话，一旦让他们看到了而不给他们吃，那就没法哄了嘛。据报告说这些老百姓一听到孔子到叶国来的消息，他们都相信国家的政治即将有所改善。他们如此众说纷纭，信以为真，如果我再向孔子请教为政之道，后果不堪设想啦，那岂不是搬起石头砸自己的脚嘛？这种做得再多也是错的傻事，还是尽量避免为上。"

"但是，如此这般德高望重的一个人，不远千里来访我国，我要不予理睬，也有点儿说不过去。要是因此让老百姓怀疑我的德性，说我不尊敬圣贤，那结果更糟糕嘛。何况，从邦交层面考虑，对待邻国客人来访也应待之以礼才对。万一被邻国四处宣扬，说什么叶国真是个蕞尔（zuì ěr）小国，难怪不懂得礼遇圣贤；或者说孔子根本不屑于理睬我，这些舆论闲话，对我岂不是很大的打击羞辱嘛？甚至于，这种找碴批评，会成为招致外国侵侮的诱因啦！"

"不过，说来也怪，好像还没有一个国家乐意接纳孔子啦。就是他的祖国鲁国，虽然一度重用过他，如今却也根本不理他了嘛。难道所谓的圣人，也不过是虚名，并不是什么了不起的人物？如果是这样的话，也不妨见见孔子。说不定见了他，揭穿他的假面具，老百姓也就安于现状啦。"

"如此想来，还真有一件不能理解的事情啦。要知道，初次访问一个国家，无论他是圣人也好，还是——不，越是圣人越应该如此，那就是亲自向国君请求谒见，这才合乎于礼啦。谁知孔子就派了弟子子路来，事先也不说明来意，对一国的国君好像放饵待其上钩似的。这可能是轻看小国啦，然而一个国家的主君，他的地位和国土大小无关嘛。况且，那个叫子路的家伙真是好讨厌啦，他的态度非常傲慢。我问他孔子的为人，他根本不作答。我还是听别人说到孔子知道这回事后便对子路说：'女奚不曰："其为人也，发愤忘食，乐以忘忧，不知老之将至云尔！"（你咋不这样说呢："孔夫子他这个人，发奋努力得忘记了吃饭，快快乐乐得忘记了忧愁，甚至不知道自己快要变老了。"）'瞧他说的，感觉他不过是个有名无实、狂妄自大的壳子货嘛。"

"但是，然而，也许，不过——"叶公想来想去，实在没有头绪。叶公心里极力想贬低孔子，或者索性不想这件事情，可是他越勉强，越觉得有一种无形的力量压迫着他的内心，孔子的形象越接近于他的眼前；有时甚至觉得，那还没见过面的孔子，就像突然冒出在宫殿前面的一块沉重的大石头，或一座一天比一天变得更高的大山。

有些大臣，由于叶公不召见孔子而暗自欣喜不已。一些正直的大臣，则对于叶公的优柔寡断大感不安。他们认为，孔子是一位当代伟大的圣贤，大概由于这令叶公感到有压力和自卑畏缩，才不敢召见孔子。这些大臣只好寻找机会，私下里给自己的主公打气鼓励。可是，在叶公看来，臣下的鼓励对他就是一种指责，他的内心反而涌起了一股说不出滋味的反感。

"等着瞧啦，只需一次，就让孔子下不了台啦！"可是，这个念头在叶公的脑子里冒出来时，他自己都觉得苍白无力，因为他根本就没有任何主张足以应对孔子那高明的政治见解。如此这般，叶公在忧虑、苦闷和焦急中，煎熬了十几天，还是不敢接见孔子。

那些有品行的大臣，眼见着叶公拖延不决，认为自己应该先见见孔子，以平息社会上的舆论批评。于是，他们陆续去拜访孔子，向他求教。有他们开了头，紧接着，那些年轻的官吏和一些有志不得用的年轻人也纷纷效法，前去拜见孔子。没有多久，孔子所住的旅舍就门庭若市，他在叶国的名望，也一天比一天高大。而这种状况的发展，于叶公来说是十分的不利。

"叶公不敢去见圣人，一定是心里有问题。"街头巷尾，传说纷纷。

正直而忠诚的大臣们，考虑到叶公不能再磨磨叽叽下去了，他们一边对外辟谣，一边将情况坦诚地报告给叶公，敦促叶公。内外压力交加，叶公当然感到非常恼火。

　　"你们擅自拜访孔子，应该对这事的后果负责啦！"叶公很想对大臣们这样说。可是，他又不敢寒了这些忠于他的大臣们的心，只好隐忍着满肚子的牢骚抱怨，向他们问及孔子的为人等情况，还是想从他们的回话里，找出孔子的缺点，哪怕是一句半句瑕疵也好。

　　可是，这种企图只是徒劳，令叶公大为撮火的是，大臣们都异口同声地赞美孔子。

　　"都是蠢货！"叶公心中恨怒地说。可是，这样拖着也不是办法，难道以自己怕孔子作为理由拒绝召见？但在嘴上，叶公还得尽量表现出强硬的态度。

　　"你们都认为他是那样伟大的人物，那我就召见他嘛。不过，他要是和我论及政治，我的看法比他高明，你们以后不准再去他那里啦。"此刻的叶公虽然没有一点儿自信，但还是说了这通豪言壮语。叶公终于答应和孔子会面，日期就定在第二天。

　　那天晚上，叶公的情绪不是很好，算得上是沉重无比。叶公回想着自己的为政经历，想要找出自省而不愧的政绩，确实非常困难。叶公只做过一件有自信的事，那就是实行严刑峻法，在他的领地内，法令实施得很彻底。可是，老百姓都憎厌这种严刑峻法。叶公作为主公，也知道自己的做法令百姓怨声载道。所以，明天和孔子见面，这事情还是不拿出来说为好。叶公盘算着，最好不提严刑峻法的手段，只谈人民知法守法的精神。

　　忽然，叶公想到几个月前批阅案卷时，看到一件非常值得感动的事情："不错，那是一桩非常新奇而且珍贵的案件。这案件无论谁听了都会认为这是老百姓守法的结果，因为它是一个牺牲父子之爱而遵守国法的好例子。"

天刚刚亮，叶公就急匆匆地叫来承办这个案件的官吏，根据有关材料再一次详细研究案卷的内容，文书上记载案情如下：

"某甲某日将邻人某丙迷失的羊偷偷地据为己有，而原告根本无法举出那只羊的确属于自己的任何证据。这个案件因无充分的证据，只好判定是邻人某丙的诬告。可是，某甲的儿子某乙亲自到衙门来，揭发说：'国法是神圣的，我应该实话实说。'于是，他详细述说邻人某丙的羊如何因迷途而进了他家的经过。衙门依照法律，处罚了举报者某乙的父亲某甲，判某甲以侵占罪，同时对告发父亲某甲的儿子某乙，也按照规定给予奖励。"

叶公印象特别深刻的是，偷羊者某甲的儿子某乙所说的话："国法是神圣的，我应该实话实说。"叶公在心里把这句话反复念叨了好几次，等待着和孔子见面时刻的来临。

叶公一见孔子，最让他感到意外的，是孔子那饱经风霜的脸庞。孔子的面容，看起来已是五六十岁了，被阳光晒得呈现黑里透红色，衣服也老旧得可怜；而孔子那格外谦恭的态度，更完全出乎叶公的意料，让他感觉不习惯。叶公立马如释重负，不禁为自己过去对孔子的那种过分紧张而觉得很可笑，情绪也顿时轻松起来，于是直截了当地问孔子说："老先生您为真理至道奔波，历尽艰辛嘛，如今远路而来，光临鄙地，希望能听听您在为政这方面的高见啦。"

孔子看着叶公，听他毫无一丝一点真诚地说完那些话，稍微停了一会儿，才同样漫不经心地答道："为政之道，首先应该使当地的人们,也就是自己国家的人民能够安居乐业。"

叶公听罢,就像被针刺了一下,自己好像还没做到这一点。可是,叶公一想,也许孔子到任何一个国家,都是反复说着这话啦,就感到有点儿好笑。

"我们这儿的老百姓都安居乐业着呢,尤其是这座城邑的老百姓啦。"叶公当然不肯输掉面子,装作很自然地回答说。哪料到孔子接下来说:"那么,远方的人是否因仰慕您的仁德,而从他国陆续迁徙到贵地呢?"

叶公有点儿泄气了,想想自己国家的实际情形刚好相反。他知道叶地的人民近来广有移民的倾向,有不少人已偷偷迁徙到他的政令所不能到达的国家。一想到这个,叶公不觉一怔,这老翁的话倒是有些道理的嘛。

"不,不……敝国还没有做到这样完美的境地啦。不过,以后我们一定会朝着这一方向更加努力的嘛。"为了急于转移话题,叶公只好坦然承认,但又很快改口说:"但,政治嘛,不只是使人民安居乐业的嘛。我相信政治是正民,是使老百姓皆归于正,不知尊驾以为如何?"

"说得也对!政者,正也。不过,上面的人如果不彻底了解什么是正,那么有时也会造成不好的后果。"

"我相信自己对于指导老百姓为人正直,还是有相当成就的啦。"

"那好极了!若是能够真正做到这一点,那是可以和尧、舜相媲美(pì měi)的德政啊。"

叶公不觉一怔,因为他觉得孔子的褒奖有点儿夸张,自己都不太好意思接受了。

叶公还没有回过神来，孔子又笑问："贵地的人民是如何的正直，能否举些例子给我听听，那将是我的荣幸……"

叶公认为机会到了！同时，又担心昨晚只准备了一个例子可能还不够。于是，就有意放慢语速，叙说早上看的那桩案卷。

听着叶公的叙述，孔子皱了好几次眉头。叶公见到孔子这种神情，心里也没底了。因此，给对告发自己的父亲的儿子颁发奖赏一事，他都没有勇气说出来。

孔子听完之后，问叶公："贵地的法令认为正直的人，是指这一类人吗？"

一听孔子质问的语气含有讥讽的味道，叶公有点儿被惹毛了，他昏头涨脑地从坐榻上站起来，赌气似的反驳说："对！这种人爱国嘛，遵守国法，把诚实看得比父子之情还重要。难道还不够正直吗？"

"哦！您请坐吧。"孔子怜悯地看了叶公一眼，说道："如果您真对为政之道很是关心的话，请认真听完我要说的话。您认为自己的做法是对的，想要强词反驳我，这情有可原。其实您引用的这个奇特的例子中，不过是一个小偷和一个告密人而已。"

叶公哑然，心底的算计被看穿，彻底没了刚才的自信，失神落魄地坐了下来。

"检举告发自己的父亲，贵地或许把这种人当作正直的人。但在我的祖国则不然，我们认为正直的人，应该是父为子隐瞒，子为父隐瞒，这才是真正的正直。任何人都这样认为。您如果仔细想想，一定也和我一样有同感……"

孔子的话令叶公的脸色顿时变得难看了，像是被冰雹打击的树叶，脸上的肥肉也神经过敏似的抽动着。

但孔子的话还没有说完，他接着说："人与人之间应该遵守的正直，是为了保护育成人类之间的爱。而法律本身并不一定就是正义公道。法律只有在能够促进社会的仁爱时，才称得上公平正义。请您绝对不要忘记这一点。尤其是父母子女之间的爱，那是天地间至高无上的爱，是孕育人类一切善良的大根本。如果准许假借法律之名，而毫不介意地蹂躏（róu lìn）糟践它，那么这样的国家绝不会行正道。"

孔子的话一句比一句严肃。叶公虽然被孔子的义正词严慑服得低垂下了头颅，但仍然不愿虚心接受孔子的教诲。叶公那苍白的脸面上，依旧可以看到微微露出的不服。叶公不甘心废除他一向所采取的严刑峻法，因为一旦废除，他想要征缴的赋税便很难收上来了。他最烦恼的就是这一点。

孔子对叶公的为人已经完全失望了，觉得他就跟石头一样顽固不化，再加以谏言也没有任何意义，干脆闭嘴不言语了。

两人的谈话很快终止了，趁着叶公神游天外之际，孔子拱手一揖，悄悄地走了。一走出来叶公的宫殿，孔子就暗暗决定尽快离开叶国，继续自己的漂泊旅途。

在陈绝粮

卫灵公问陈（zhèn）于孔子。孔子对曰："俎豆（zǔ dòu）之事，则尝闻之矣；军旅之事，未之学也。"明日遂行。

—— 《卫灵公篇》

在陈绝粮，从者病，莫能兴。子路愠（yùn）见曰："君子亦有穷乎？"子曰："君子固穷，小人穷斯滥矣！"

—— 《卫灵公篇》

子曰："赐也，女（rǔ）以为多学而识（zhì）之者与？"对曰："然！非与？"曰："非也！予一以贯之。"

—— 《卫灵公篇》

参考语译

卫灵公向孔子请教排兵布阵的方法。孔子回答他说：

"关于礼仪方面的事情,我曾经听说过;对行军打仗方面的事情,我没有学习过。"第二天,孔子就离开了卫国。

孔子与弟子一行在陈国断了口粮,跟随的弟子们都病倒了,几乎无人有力气站起来了。子路有些来气地问孔子:"君子也有山穷水尽的时候吗?"孔子说:"君子在穷困的时候也能坚守原则,小人在困窘的时候就开始乱来了。"

孔子说:"端木赐啊,你认为我是那种广泛学习并累积各方面知识的人吗?"子贡回答道:"是啊,夫子是这样的,难道不是吗?"孔子说:"不是这样子的,我是用一个思想体系来贯通所有的知识的。"

孔子在周游列国的时候，曾经回过一次鲁国。留在鲁国的这段时间大约两年，这两年里，孔子专心编辑整理《诗》《书》《礼》《乐》与教育弟子。可是，他对政治方面的事务仍未绝望。在鲁哀公即位的那一年，孔子怀着深切的拯世理想和远大的政治抱负，不顾六十高龄的老迈之身，第三次上路去访问卫国。这时，孔子的孙儿孔汲（子思）才出生不久。

当时的鲁国，由于政局动荡、社会紊乱，孔子无法实施自己的王道政治。这时，已近晚年的卫灵公身衰体老，又因儿子蒯聩（kuǎi kuì）杀了他宠幸的夫人南子，使得他的心情极端暴躁。而蒯聩逃到晋国后，据说得到晋国王族的支持，觊觎（jì yú）灵公的君位，随时准备卷土重来篡国夺权。这些乌七八糟的事情，令卫国弥漫着焦躁不安的气氛，仿佛战争一触即发。

卫灵公听闻孔子又来到了卫国，完全忘了从前没有诚意、怠慢孔子的做法，反而急不可耐地立刻接见了孔子。灵公首先请教孔子的是有关军事方面的问题，这个问题问得实在突兀，孔子只好回答道："在下十分惭愧，要是君上垂询有关礼的问题，我或许略知一二，可是关于军事方面的问题，尤其是行军作战，我到现在还没有涉猎过啊。"

其实，孔子并非不懂军事，而是熟稔（shú rěn）军事理论知识的。只是，对于卫国国君父子相争，违背天伦的残暴争夺之战，孔子是绝不会给予他们丝毫的帮助的。

第二天，孔子便匆匆离开了卫国。之后，孔子游历了宋国、陈国、蔡国与叶国，最后又返回蔡国。然而，孔子周游列国的一番苦心，无人理会，无人理解，又白费了，他不但不能行道，而且还遭受到各种各样的迫害与嘲笑。尤其他们一行在陈国与蔡国的边界上所遭遇的困厄，可以说是孔子这一生中最大的苦难之一。

当时，陈国正受到吴国的侵略，准备向楚国求援。楚昭王为了援救陈国而进军城父。这时，楚昭王获悉孔子一行要经过陈、蔡边境交界处，便马上派遣使者前去，希望能礼聘孔子至楚国。孔子未曾到过楚国，而当时的楚昭王享有很高的声望，于是就答应了邀请。听到这一消息，众弟子无不欢呼雀跃，开始整装待发。

对这一消息，陈、蔡两国的大夫们大为震惊。他们的国家之所以都未重用孔子，当然绝不是因为不赏识孔子的才德，而是他们对孔子的伟大认识得越深，对孔子就越敬而远之，越不敢用他。

他们不想任用孔子，但也忌惮别人重用孔子，孔子将要去楚国的消息激起了他们心中的计算，他们私下里权衡着："孔子是一位了不起的贤智之人。他所讲的关于诸侯的弱点，真可说是一针见血。尤其是他逗留于陈、蔡两国之间已有不少时日了，他一定对我们的国情了解得很透彻。楚国这样的大国如果重用孔子，国政得到彻底改革以后，那将对我们陈、蔡两国形成巨大的威胁，那时我们的富贵地位恐怕就保持不住了。"

于是，陈、蔡两国的大夫阴谋密划，最后决定双方各派一队人马，把孔子一行围困在边境处。面对这些全副武装的人，孔子一行当然无力抵挡，被围困在了荒野之中。开始时，大家都很愤怒，孔门弟子中有两三位抑制不住自己的冲动,主张硬打突破重围,结果都被孔子劝住了,大家只好耐心静静地等待着。

但等待并不能解困,陈、蔡军队没有任何要撤离的动静;幸运的是,那些军队也没有主动攻击危害孔子一行。孔子们被围困多日,粮食储备早就不够了。头一两天还能勉强熬过,后面只有稀饭糊口。可是,到了第五天,一粒粮食也没有了。大多数弟子难以忍受饥饿和疲乏,无精打采地卧倒在草地上。

当然,孔子也很难受,他的脸上因饥饿而呈现出明显的消瘦衰弱,但他依然孜孜不倦地教导弟子,有时还弹琴唱歌以鼓励众弟子。

勇敢的子路,挎剑紧紧跟随孔子,以防不测。这几天,子路的内心也是比较窝火的,他没想到在此危急紧要关头,夫子竟然束手无策,这让他很是不爽。

"我们这些人眼看就要活活饿死了,夫子还谈什么圣道、唱什么歌呢?这不是他明知毫无办法却自欺欺人的掩饰吗?"子路这样想着,时而用埋怨的目光瞟一下孔子的侧影。

第五天的夜晚将尽,黎明即将到来。初秋的夜空,即使是黎明前的黑暗,天上的星辰依然闪烁着,如点点小花缀在其中。夜色虽美,地上却躺着几个正在生死边缘徘徊的人,他们只剩下微弱的呼吸,杂乱无力地蜷缩在草地上,甚至可以听到他们在梦魇(mèng yǎn)中发出令人惊心的呓语。

"夫子!"子路低沉的声音忽然从黑暗中传来。

孔子长时间地默默盘腿坐在草地上,依然像平常那样在沉思冥想,他这几天也硬撑着,确实够累的,正想躺下休息会儿,就听到了子路急促的声音。孔子回过头,重新端身正坐,静静地看着子路。子路不管不顾，质问孔子："君子也有困危的时候吗？"

"困危？"孔子稍微想了一想，随后心平气和地说，"当然，君子也有困危的时候，可是他不会乱来胡整。正因为君子临危而心神不乱，所以大道依旧在他眼前展开。相反，小人遭遇困境时，一定会乱来胡为，乱了就绝对不会走正道的。这才是真正的困危啊！"

孔子的话快要说完时，一个蹲在不远处的黑影，突然蹿了起来，随后又摇摇摆摆地走到孔子跟前。孔子仔细一看，原来是子贡。子贡一坐下来就有点儿气喘，大概是刚才突然起来用力过度了。站在深深的黑夜里，子贡的双眼瞪着孔子，似乎有话要说。

"是端木赐吗？"孔子非常慈祥地问道。可是子贡却一声不响，虽然不像子路那样直接指责孔子，但此时此刻心里却蕴涵着比子路更大的怒火，便用奚落的微笑回复孔子的问话。孔子似乎看得明明白白，仿佛对弟子的透彻了解使他的目光可以穿越黑暗。

孔子用和蔼的声音说："端木赐啊，我让你们失望了，是吗？"子贡仍旧一声不吭，只是呼吸变得急促起来。

"你以为我学过各种学问，一定知道对付各种情况的手段，是不是？"

"是啊。难道……难道不是吗？"子贡的声音在颤抖。

孔子仰头望着夜空，微微地叹了口气。可是他又马上回头望着子贡，带着一丝严厉的声音说："不，我不是博学多识，我只是以先圣往贤之道来贯通万物，靠着这个一以贯之的圣道，推求各种事物的真理，应对各种各样的事情。我的生命也就贯彻依靠于这唯一的圣道。"

说罢这话，孔子陷入久久的沉默。孔子感到非常的孤独和深深的悲哀，他满怀理想，弟子们却不能理解。同时，对于眼前这些不能了悟他所讲的大道，却一直追随他，与他分担苦难的弟子们，油然而生怜悯之情。孔子很想对他们说几句安慰的话。

"可是……"孔子心想，"我不能懈怠放松啊。不能为了一时的感情，而宠坏了他们啊！也许，他们有的只是钻出了芽苗，却不能开花；有的虽然开了花，却不能结果。但对他们的栽培、修剪，我不能消极，不能松懈。因为，这才是对他们好。我爱他们，希望做他们的忠实朋友。既然要对他们好，就不能一味姑息他们，不让他们劳动吗？既然是他们的忠实朋友，难道要一味顺从，即使有了错误，也不去规谏吗？这才是将天道实现在地上的目的呢。如果这时退让一步，也就是把天道退回一步。大道的实现，就是要推行圣道，正如堆筑一座山，如果在最后的一篑（kuì）失败了，也就是等于完全归于失败；又好像在凹凸不平的地上去填土，虽然每次只倒了一篑土，但如果继续去填土，终究是可以填好的。圣道是远大的。追求圣道、实践圣道，永远是有一步算一步，或进或退，只在于是否向苦难妥协，在于不屈不挠的苦心坚持啊。"

孔子好像完全忘了这几天来的疲劳困惫，端正地坐着，回头看视着子路，用低沉而很清晰的声音说："《诗经》上有一句'匪兕（sì）匪虎，率彼旷野'，你还记得吗？"

"我记得。"

"是什么意思呢？"

"人与犀牛、老虎之类的走兽不同。可是，如果人一旦走错了应该走的道路，岂不是和那些在旷野里徘徊着的野兽一样了吗？我记得是这个意思。"

"嗯。那你认为我的道怎样？是不是走错了路？我现在正像野兽一般彷徨于旷野中呢。"

"夫子的道是不是有错误,我不敢确定地说。可是,他人已不相信自己的话时,应该认为自己的仁德还不尽完善。别人不欲采纳自己所标榜的道时,应该认为自己的道还没有充实完美。"子路抢着回答,非常不客气,从他的声调中,可以看出他依旧满肚子的抱怨。

然而,孔子却平静地说:"那是你想错了。如果仁者的话一定会使人相信,那么伯夷、叔齐就不会饿死了。并且,要是智者的主张一定被人采纳的话,王子比干也决不会被虐杀了。"①

子路听到孔子提起这三个人,就垂下头,默然不语。于是,孔子就对子贡说:"《诗经》上说'匪兕匪虎,率彼旷野'这句话,是我所选择的道不对吗?我好像是只野兽在旷野里彷徨呀!"

子贡想了一会儿才回答说:"夫子的道太崇高了!就因为太崇高,所以不能为天下人所采纳。不知可不可以稍微降低标准,以迎合社会上的需要呢?"

"迎合社会?"孔子稍微皱了皱眉头,但随即又恢复了平静:"端木赐啊,那的确是很聪明的想法。譬如,一个好的农夫善于农艺,可是在货殖生意方面是很笨拙的。又如一个巧匠,他贯注全副精神制造出来的东西,未必能符合他人的兴趣。同样,君子不可以为了眼前的利害得失而去迎合社会。为学的目的在于求道,想要不违背仁道的根本原则,就必须规范一切言行。你的愿望好像不是真正为了求道,而是在于寻找能够获得社会名利的机会。如果是的话,那就是聪明过头

---

① 伯夷、叔齐是孤竹国君之子,反对周武王伐纣,逃隐于首阳山,靠采野菜为生,后饿死。比干是殷纣王的叔父,曾忠谏纣王,被纣王虐杀。

了。我们应该要抱有更远大的志向才对啊。"

子贡不吭声了,像子路一样低下了头。孔子向左右看了看,问:"颜回!——颜回不在吗?"

颜回就在孔子的背后呢。这五天来露宿野外和饥寒交迫的折磨,使平常本就不大健壮的颜回比谁都衰弱,但是他的态度一如既往地端庄恭谨。东方天空渐渐露出的曙光,映衬得颜回的脸色像死人一般惨白,但是他的双眼仍闪烁着敏慧的光芒。听到孔子的呼唤,颜回马上站了起来,走到子贡的身边,恭敬地向孔子作揖。颜回的身影,像是在风中飘摇的一根芦苇,但依然脊梁挺直。孔子注视着他,问:"《诗经》上有句'匪兕匪虎,率彼旷野'。现在的我,简直就像一头野兽了。你不认为我走的道路是错误的吗?"

"我想……"颜回站在那里,要继续说下去。

孔子摇摇手说:"现在站着说很容易累,还是坐下慢慢说吧!"

颜回坐了下来,姿势依然很端正。他把视线转移到孔子的膝盖上,郑重地说:"夫子的道是至高至大的,所以不能容纳于天下。但是,我衷心祷告,但愿能排除一切阻碍,始终一贯地固守夫子之道。尽管这天下容纳不了夫子的道,那也丝毫不值得忧虑。就因为不被容纳,反而能证明夫子是一位君子哩!本来,像我们求学的人,只要以不能修道为耻就行了。虽有至大至高之道的君子,而终不能被容纳,那应该是治理国家的当权派的耻辱。我再说一遍,绝对不必担心不能被天下容纳,反之,不能被他们采纳,才更加能显出君子真正的价值。夜色越黑暗,也越能显出星辰烛光的明亮。"

颜回的脸颊由于兴奋而渐渐地变红了。说罢,颜回再次站了起来,向孔子作揖。

孔子的脸上露出了笑容，开玩笑似的说："真不愧是颜家的孩子啊！讲得这样好。你将来要是发财当了土豪，那我可要给你当管家呢！哈哈哈……"①

说话间，天已大亮了。孔子招呼子贡："子贡啊，你现在就到城父，去向楚军求援吧。"

子贡不觉一怔，犹豫地望着四周。他认为这个时候天色大亮了，要逃出重围太难了。可是孔子笑着说："今天已经是第六天了，包围我们的人也一定疲惫极了。再说，他们都以为天都大亮了，便会放松警惕，安心地睡觉了。"

正如孔子所说，疲惫不堪的陈、蔡士兵纷纷睡着了，包围已经松弛了。子贡便没费什么事儿就轻松逃出了包围圈，很快和楚军联络上了。

在楚国的干涉下，陈、蔡在次日就解除了围困。孔子一行受到了楚军热烈的欢迎，不久还将会见楚昭王。

---

① 《史记·孔子世家》载："孔子知弟子有愠心，乃召子路而问曰：'《诗》云："匪兕匪虎，率彼旷野。"吾道非邪？吾何为于此？'子路曰：'意者吾未仁邪？人之不我信也。意者吾未知邪？人之不我行也。'孔子曰：'有是乎？由，譬使仁者而必信，安有伯夷、叔齐？使知者而必行，安有王子比干？'子路出，子贡入见。孔子曰：'赐，《诗》云："匪兕匪虎，率彼旷野。"吾道非邪？吾何为于此？'子贡曰：'夫子之道至大也，故天下莫能容夫子。夫子盖少贬焉？'孔子曰：'赐，良农能稼而不能为穑，良工能巧而不能为顺，君子能修其道，纲而纪之，统而理之，而不能为容。今尔不修尔道而求为容。赐，而志不远矣！'子贡出，颜回入见。孔子曰：'回，《诗》云："匪兕匪虎，率彼旷野。"吾道非邪？吾何为于此？'颜回曰：'夫子之道至大，故天下莫能容。虽然，夫子推而行之，不容何病，不容然后见君子！夫道之不修也，是吾丑也。夫道既已大修而不用，是有国者之丑也。不容何病，不容然后见君子！'夫子欣然而笑曰：'有是哉，颜氏之子！使尔多财，吾为尔宰。'"

第五辑 隐士大团结

子击磬于卫

子击磬（qìng）于卫，有荷蒉（hè kuì）而过孔氏之门者，曰："有心哉，击磬乎！"既而曰："鄙哉，硁硁（kēng kēng）乎！莫己知也，斯已而已矣！'深则厉，浅则揭。'"子曰："果哉！末之难矣。"

——《宪问篇》

参考语译

孔子在卫国时，有一次正在敲击着磬。一位背着草筐的人从门前走过，说道："这个击磬的人有心思啊！"一会儿又说："声音硁硁的，太执着了！没有人了解自己，就放弃算了罢。就好像《诗》句说的'穿着衣服趟深水，撩起衣服过浅水。'"孔子说："果断啊！若有这种坚决弃世之心，就没有什么困难了。"

因为失去鲁定公与权臣季氏的信任，孔子离开故国开始周游列国；那一年，孔子五十六岁。周游列国的首站是卫国，住在大弟子子路的大舅哥颜雠由家。

卫灵公虽然看来有点儿行为不怎么检点，但从内心来说，还是希望孔子留在自己的国家，只是如何安置孔子，让他有点为难。要知道，孔子并不看重官位俸禄，他更在意的是希望获得一个足以实现其政治理想的机会。面对灵公的犹豫不决、取舍不定，孔子仍然抱着一丝希望，等待着哪怕是一点点的机会到来。

在别人来说，等待莫过于煎熬，但孔子有自己的对待方式，这种心情的寄托莫过于音乐，于是他时常吟诗、弹瑟与击磬。

这一天早晨，孔子又独自击着磬，那动听的声音传到了门外，悦耳的音律悠扬清越，流淌在这清晨的空气里。

"咦？"一个背负着草筐、一身农民穿着的路人，在门口停住了脚步，侧耳倾听："多美妙的乐声啊！不过，演奏者还是放不下心中的执念呢。"

农民说完就走了，走的时候还故意吐了一口痰在地上。这时孔门弟子冉有，正巧走出门外，撞见这光景，对这个举止古怪又粗鄙的农民的自言自语，很不以为然。

"真是个怪人！"目送着农民的背影，冉有心想。

农民好像意识到冉有在看他，忽然转过身，向他走近几步。这个农民，大概因为长期劳作的缘故，满脸皱纹，却又咧嘴开心地笑着，但是面对冉有的时候，就收住了那笑容，好像恶作剧似的伸出了长长的舌头。

"原来是个疯子！"冉有这样想着，于是甩了甩衣袖，朝着农民相反的方向走去。这时，农民突然又大声地笑了起来。冉有只好又转过头看着他，看来这个疯子疯得厉害。

"嘿，原来你也是知音呢。"农民开口说完这句，又像小孩子似的向冉有招手。

冉有本来觉得这人自己是个疯子，还把别人也当成疯子，原不想搭理他，但一听这话，又觉得被他涮了，想到这里，就很有些来气，于是停下脚步，站在那里怒目瞪着他。

"嘻嘻嘻嘻！别摆出那副丑脸呀，不如听听里面那个击磬的声音吧。"

"磬声怎么啦？"

"你不觉得这击磬的有点儿高明吗？"

"你也知道里面的人高明？"

"知道哩！还知道不少呐。你听，磬音中饱含尘世的沧桑。听起来，这个击磬的人倒是满可爱的，只是想法很幼稚呢！"

"你说什么？"

"哎，生什么气呀！一发脾气，人就会像磬音一样卑下庸俗了。"

"什么？那磬音卑下庸俗？"冉有都要气炸了，真想揍这个老头儿一通。

"对啊，不是吗？虽然那磬音听起来不错，但还是怪可怜的。你听听，那乐声中似乎有无法解脱的忧虑在回旋，如怨如诉，击打的人这会儿大概很是烦恼忧郁吧？不过，你的恼怒和人家相比，就没有人家含蓄，你还差得远呢。"

这疯子好像对孔子此时的处境很了解，冉有觉得有点儿莫名的恐惧，一刻也不愿停留了。

"哈哈，这就想溜走了？一会儿发脾气，一会儿又想开溜，不觉得发窘吗？何不干脆一点儿？"

"你说我？"冉有鼓起勇气问道。

"对，就是说你，那个击磬的人也是！"

"可是，那个击磬的人可是当代的圣人哩！"

"那也是个不够通达的圣人。"

"……"冉有无语了。这老农民太过分了，冉有都懒得回击他的话了。

"可不是吗？没有人赏识自己，干脆隐退就是了。何必四处流浪徘徊？哈哈，太不识时知势了！"

"那位夫子……"

"咦，那是你的夫子？这样啊，难怪看起来你们有些很像的地方。原来你也是被社会遗弃了，但又恋恋不舍，忘不了尘世的虚名啊！"

"……"

"如果对社会如此恋恋不舍，就不要固执己见呀，索性找一个国君，事奉他就好了。如果固执己念矢志不移，还不如痛痛快快地看破这个社会。"

冉有被老农民说得哑口无言，找不出话来反驳，只好目光躲闪、左顾右盼，希望有同门出来帮他摆脱这难堪的境地。突然，那农民掉头而去，有点儿滑稽（huá jī）地大摇大摆着身子，还高声地唱着歌。

"水深呐，穿着衣服趟过去哟；水浅呐，提起衣服走过河哟……"人已远去，清晰的歌声传入冉有的耳朵。

冉有好像着了魔似的，老半天了还在那里望着农民的背影发呆。在社会非常黑暗的时候，只能听之任之了；在还有一点希望时，就不要使自己受到污染。那歌的意思是这样吗？冉有蓦然清醒，意识到这打扮粗鄙的老农民一定就是所谓的隐士；以前常常听到别人说，在山林草野有打扮成农民或是樵夫的隐士，他今天算是真正第一次见到了。想到这里，冉有就像有非常重大的发现似的飞快地跑了回去，一边喘着气，一边把刚才的遭遇一一禀报给孔子听。

孔子听完，叹道："这是个很洒脱的人啊！不过，仅仅只是保持自己的高洁节操并不难，难的是要使天下的人民都变得有节操啊。"

冉有听了孔子的话，心中的杂念平息下来，也没多想其他，便出去干事儿去了。

子路问津

长沮（cháng jǔ）、桀溺（jié nì）耦而耕。孔子过之，使子路问津焉。

长沮曰："夫执舆者为谁？"子路曰："为孔丘。"曰："是鲁孔丘与？"曰："是也。"曰："是知津矣！"

问于桀溺。桀溺曰："子为谁？"曰："为仲由。"曰："是鲁孔丘之徒与？"对曰："然。"曰："滔滔者，天下皆是也。而谁以易之？且而与其从辟（bì）人之士也，岂若从辟（bì）世之士哉？"耰（yōu）而不辍。

子路行以告。夫子怃然曰："鸟兽不可与同群。吾非斯人之徒与而谁与？天下有道，丘不与易也。"

——《微子篇》

参考语译

长沮与桀溺并头在那边一起耕田。孔子经过那里，吩咐子路去问问渡口在哪里。

长沮就反问子路："那个在车上拿着马缰绳的人是谁？"

子路回答:"那是我的夫子孔丘。"长沮说:"是鲁国的孔丘吗?"子路说:"是的。"长沮说:"他早就知道渡口在哪里了。"

子路又去问桀溺。桀溺反问他:"你是谁?"子路说:"我是仲由。"桀溺说:"是鲁国孔丘的徒弟吗?"子路说:"是的。"桀溺说:"像洪水横流泛滥,到处都一样,天下大势如此,谁又能把它改变呢?而且你与其跟从逃避世人的人,还不如跟从像我们这样避世的人呢。"说完话,继续在那边耙土。

子路走开后向孔子报告这一切。孔子神情怅然地说:"鸟兽是不可以同它们在一起群居的。我不同人群相处又同谁相处呢?假定天下是太平的话,我就不会去参与改造这个社会了。"

已是初春时节，但天气还有些冷，正所谓春寒料峭。落日的余晖，透过浓浓的乌云时隐时现，田野上也变得忽明忽暗。

对叶公大感失望的孔子，自楚国回到蔡国。一路上，孔子难免有些失落感。孔子任凭车子颠簸着，闭目沉思默想。前面执辔驾车的子路，一路上多嘴多舌，此刻竟已有半个时辰闭嘴了，闷声赶路。别的弟子好像也很是疲倦，落后于车子很长一段距离了，在黄泥沙尘里拖着酸软的双脚，摇晃着沉重的身子，一步一步往前行进着。

"仲由啊，大家也累了，休息一会儿吧，怎样？"孔子忽然从车厢里伸出了头，望着背后的一行人，对子路说。

"是——"子路有气无力地回答，可是轧轧的马车声还是响个不停。

"没看到大家都累了吗？"孔子又轻声说了句，语气略带责备。

"快到渡口了，再坚持会儿吧。"子路好像觉得孔子有点儿啰唆，敷衍地说。孔子见他牛脾气上来了，也就不再多言。

大约一刻钟的光景，子路突然刹住了马车。孔子以为已经到了渡口，便探出头来察看，却没有发现渡口，只看到前面的道路已分出两条岔路。子路扬着马鞭，手拢在额前眺望前面，试图找到渡口的方向。

"怎么不走了？"孔子探出半个身子说道。

"我在想着哪边才是往渡口去的路。"

孔子微微笑了笑，默默地望着子路那强壮的背影。但是，子路观察了半天，却像木偶似的一点儿也不动。

"只是想，就能够知道渡口在哪儿吗？"孔子不由得奚落了他一句。对于子路，孔子近来常说这样的讽刺话。

子路并没有像往日那样马上就起了反应，仍凝视着前方，倔强地回答："知道，我想会知道的。"

孔子再也不微笑了。他知道子路心里有所疑惑时，每次都对自己视若不见、充耳不闻，还是改不了这臭脾气。

"子路，他不只是想着到渡口的路。"孔子这样想着，已大致猜到子路正在烦恼些什么，"这也难怪，在诸弟子之中，他是最不适合过这种平凡而且寂寞的漂泊生活的。"

但是，孔子什么也没说，只是用怜悯的目光看了看子路的侧脸。过了一会儿，孔子又把视线转移到路左边，那里有一座好像坟包一样拱起的小山岗。山岗上，有两个农民正在耕地，位置距道路不远。

孔子突然笑呵呵地对子路说道："仲由啊，别想了。还不如去打探一下比较快些。你看看，那上面有人呢！"

"哦，对呀！"子路这时才把视线移到山岗上。他神情恍恍惚惚的，好像孔子说什么，也都不清楚。

"快点去问他们到渡口的路，由我来驾车好了。"

"好的，好的！"子路慌慌张张地把马缰交给孔子，一路小跑跑向那两个耕地的农民。他惶急的背影看起来很是好笑，可是孔子没有发笑，若有所思地望着子路。

"喂——"只跑到半路，子路就招手大声向农民喊叫。

可是两个农民根本没有抬头，好像没有听到似的。子路只好再走近点又叫他们，这两人依然故我，埋头认真地耕着地。

孔子在车上看到这情形，心想他们或者不是普通的农民吧，并且为子路的无礼而不安："如果又遇到隐士，那子路恐怕有些难以应付了。"

孔子这么想着，可是同时又想象着子路和他们两人之间发生的问答，那一定很有趣吧。不知子路会带回什么表情？孔子一副既不放心，又有点期待的样子，仍旧关注着子路。

子路看到两个农民根本不理他，非常不高兴。可是，他又无可奈何，只好走到他们身边，大声吆喝："喂——我叫了你们那么久，难道你们没听到吗？"

其中一位农民，这时才抬起头，瞅了瞅子路，发出一声轻蔑（qīng miè）似的怪声，又低头干活儿去了。另一位留有三四寸的须髯（rán）、年纪五十左右、一副仙风道骨模样，人称长沮，看起来大约是个隐士。

子路这时才觉得态度有点鲁莽，自己也有点儿不好意思，立刻很有礼貌地说道："老人家，刚才十分抱歉……因为不知道哪一条是往渡口的路……"

此时，长沮抬头看看子路，心想你小子这次比刚才的态度好多了。

"我们想到渡口……"子路稍微鞠（jū）了鞠躬再次说道。

可是长沮依旧不正面答子路的问话，而是朝山岗下放眼望去，看见孔子的马车时，便瞪一瞪眼看着子路，问道："那是谁？在车上把握缰绳的……"

子路觉得这人实在是不可理喻，不但不回答自己的问话，反而漫不经心地扯问马车上的人是谁，对于这种比自己还旁若无人的态度，子路尽管满肚子的气,却还是尽量客气地答道:"他是孔丘,我们的夫子。"

"孔丘,就是鲁国的那个孔丘吗?"

"是的。"

"那他至少该知道渡口在哪里啊,他不是一年到头周游各地吗?"

说着,长沮又弯下腰,拿起农具,继续耕地。任凭子路怎样问他,就像哑巴似的一句也不答。

子路被折腾得干瞪眼。这时,另一个农民——桀溺,像矮冬瓜似的身材——完全不管周围发生了什么事,也没有抬头看子路一眼,专心地在新翻的泥土上播撒着种子。子路心想,这个胖子可能比长胡子的怪老头性情好些;于是,走近桀溺,问他通往渡口的路。

"什么?渡口?"桀溺反问道,头都懒得抬。

"是的,往渡口的路,是右边的还是左边?"

"右边也好,左边也好,走你喜欢的就对了。"

"两条路都可以到吗?"

"不。"桀溺说着忽然抬头了,脸色红润,小小的眼睛,下巴稀稀几根胡须,看起来要比那个长沮年轻三四岁。

"不……"桀溺再次重复一遍,笑道。他的眼睛眯成细细的一条缝,在肥胖的大脸之下,像是两条蚯蚓样的皱纹。

子路被这老头儿弄得莫名其妙,真的是哭笑不得。这时,桀溺忽然止住了笑,装作认真的样子,上上下下仔细打量了一番子路,问他:"你是谁啊?"

"我叫仲由。"子路坦白地告诉了自己的名字。

"仲由?跟那个孔丘一起的吧?"

"是的，我是他的弟子。"

"哈哈哈……"桀溺突然笑起来，那笑声就像炖着豆腐的砂锅放肆地咕嘟咕嘟喷气的声音。

子路见自己说出是孔子弟子时反而被对方取笑，心里十分恼怒，正想发作，但对方对子路的表情根本就不在意，而是望着别处说道："孔丘的学生，难怪找不到渡口，可怜啰！"

子路终于忍耐不住了，摩拳擦掌起来，准备给对方点颜色看看。

"喂，仲由兄，别这样吧？你这样动不动就想动手动脚，也解决不了问题啊。那么，我请教你，你认为当今的社会怎样？"

子路只好把紧握的拳头松开，眨了眨眼睛，不解地看着桀溺。

"到处都像泥沼一样，当今的社会不是这样吗？是不是，仲由兄？"

"说得倒是不错，所以……"

"所以正在找渡口，你不是想这样说吗？然而，哪一个渡口都不能中意，你的老师不就是这样子吗？"

子路觉得桀溺又在埋汰孔子，再次捏起了拳头。可是，桀溺的观点在他的内心深处不知不觉引起了共鸣。他想，这个人说得有点意思，于是他想借这人的嘴，打听出一些平日他们自己对孔子所抱的不满和牢骚。冒出了这种想法的子路，不由得兴奋起来，静待着对方说下去。

"既然想要涉过泥沼，却又嫌恶被泥水玷污，你的老师未免想得太美太多了吧。像现在这个时代，哪里能够找到你们中意的渡船呢？你说是吧，仲由兄！既然知道现今的社会正像洪水泛滥一样，那就应该尽可能地逃到洪水无法淹没的高地大山，这才是上策啊。'洪水啊！

洪水啊！'一边这样呼喊着，一边自己却在泥水旁边躲来闪去，这不是大笑话吗？这样一来，岂不左右为难嘛？"

子路站在那里，既像是被对方的话语打动了，又像是被激怒了，反正是不知所以地呆立不动。

"哦？你的脸色怎么了？难怪是孔丘的学生，看来你也很不懂事。如果对尘世仍旧念念不忘，那就没话可说了。可是挑来拣去，这个诸侯也不中意，那个诸侯也不合适，有时也只是五十步笑百步而已。只要稍微超越狭隘的观念，不就看破这个社会的一切了吗？如此一来，就能无牵无挂地袖手旁观，这样不就飘飘然如登仙境了吗？哈哈哈！"

"不过……"子路很想和他认真地探讨一番。可是桀溺这时已经转过身子，用圆圆的屁股对着他，弯着身子又开始播种了。子路再怎么说，他也不应一声。

不知怎的，子路也不再感到有气了。至今，他已碰见过好几个隐士了，却不像今天这样感觉被愚弄。人家不但不告诉他所问的渡口，还把他和孔子两人都说得一文不值。若是往常的脾气，子路绝对不会就此罢休。可是，今天他却意外的平静温和。

子路对这些隐士玩世的态度，总是没有好感的。可是隐士们的生活，似乎那样自由、安详和达观，这让他觉得深深的感动。隐士们都具有孔子所欠缺的某种洒脱的心性，这种想法在子路的心底油然而起。

子路只好转身悄悄地回去。望着孔子的马车，想起在车上寂寞地坐着的孔子，子路的眼睛陡然地红了，心头升起一种强烈的想要诘问孔子的念头。于是，他猛地赶紧跑向孔子的身边。

落在后面的弟子们,这时也到达了。他们团结在车子周围,和孔子谈论着。他们一看到子路回来,都停止谈话,望着子路。可是子路连看也不看他们一眼,很粗暴地推开了他们,突然把双手放在车前的横木上。

孔子微笑着问道:"怎么啦?费那么长的时间?"

子路激动得不知如何说起,好几次用拳头揉揉眼睛,喘息不已。

"是不是又见到隐士①了?"孔子安抚着子路的情绪,温和地说。

"是的,是隐士,是比以前要高贵的隐士哩。"子路用有些颤抖的声音爆发似的说,同时盯着孔子,观察着孔子的反应。

孔子的脸上依然那样的安详明朗,迎着子路的目光没有退缩,完全出乎子路的意料之外。子路曾想象,马车上的孔子听了自己的强烈话语,必定会灰头土脸的。

"哦!那很好啊。你跟他们谈了些什么?"孔子很有兴趣地问。

听孔子这么一问,子路压根儿没有办法发牢骚了。原本想坦白地提出自己的意见,以迫使孔子反省周游列国的行为。可是,现在哪里敢提起它呢?连报告刚才的经过也觉得很勉强。

孔子闭上了眼睛,弟子们却睁大着眼,听着子路报告来龙去脉。

---

① 隐居之士简称隐士。隐士是中国历史上很有特色的社会文化现象。中国古代的一些品行高洁的知识人,为保持其独立人格和自由思想,不愿意委曲求全、同流合污地依附于权势,或觉得自己性格不适合,拒绝出仕任官、混迹官场,而选择隐居于山林田野等地,过着自食其力的清贫生活(如种田、樵柴、打渔、教私塾、经商),就成为隐士,又称处人、处士、高士、高人、山人、烟客、逸民、逸士、遗民、隐者、隐君子、园客、幽人等。历史上有些隐士因某种机缘而放弃隐居然后出山建功立业,如姜太公、诸葛亮;也有些人有意装作隐士以抬高自己的身价然后再出来当官,例如唐朝的卢藏用,还因此留下一个成语"终南捷径"。

大家听完之后,不约而同地面面相觑。之后,每人都十分不安地看着孔子,观察孔子的表情。

孔子仍旧闭着眼,像是在深思,过了一会儿,深深地叹息一声,问子路:"那么,往哪里去渡口呢?"

子路心中一惊,觉得自己仿佛正在庄严的殿堂中,受着神圣的审问似的,肃穆地呆立着。孔子的话像天音传入耳朵:"我要走人间的路。不和众人在一起,我的心便不能安宁。"

孔子把视线从子路身上移开,扫视着其他弟子,接着说:"放声行吟于山野,与鸟兽为友,或许这也是一种生活方式吧。可是,我不能效法这种行为。我不得不认为这是懦夫或者是自私自利的人所选择的路。我只要循着正正当当的人类的路,正正当当地走;这也就是希望和人们一起,同甘共苦。这才是我衷心的愿望。只有这样,我才能得到快乐与安宁。子路说,那些隐士认为在这污浊的社会里,根本没有什么值得留恋,不该有所企图。虽然他们这么说,可是依我看来,正因为这个社会动乱混浊,我才希望跟大家投身于它,与天下苍生分苦受难。如果社会已步入正道,我也就不必这样子辛辛苦苦地过着流浪的生活了。"

弟子们静静地倾听着孔子的话。子路的双眼里,不知何时已盈满了泪水。他眨了眨眼睛,用力地凝视着孔子。在这黄昏的残照斜晖里,子路觉得,似乎是头一次清清楚楚地看见孔子的容貌,那是紧紧拥抱人生的苦难而净化圣洁的圣人光辉的尊容。

"夫子,我刚才对您有过不恭敬的想法哩。"子路面对着孔子,泪水止不住地流下来。

孔子默默地把马缰交还给了子路;然后,回过头愉快地对大家说:"嗨,我们让子路选择吧。走错了路,再转回来就是了嘛。"

大家都不禁笑了起来。子路也红着眼睛笑了。

这时,山坡上的两个隐士竖起农具,斜倚着身子,正望着这边。现在,子路觉得他们就像是挂着锄头的草人,再也扰乱不了自己的心灵了。

子路高兴地接过马鞭,驾着马车驶入其中的一条岔道。

不知在何处,飞来几只乌鸦,它们"哇——哇——"的叫声,像是在嘲笑什么人似的。

第六辑 孔子与弟子

宰予昼寝

宰予昼寝。子曰:"朽木不可雕也,粪土之墙不可圬(wū)也。于予与,何诛?"子曰:"始吾于人也,听其言而信其行。今吾于人也,听其言而观其行。于予与改是。"

——《公冶长篇》

参考语译

宰予白天睡觉。孔子说:"腐朽了的木头无法雕刻,粪土垒的墙壁无法粉刷。对于宰予这个人,责备还有什么用呢?"孔子说:"起初我对于人,是听了他说的话便相信了他的行为;现在我对于人,听了他讲的话还要观察他的行为。在宰予这里我改变了观察人的方法。"

午睡了一觉的宰予睁开眼睛，觉得今天睡得特别香甜。他打量了下四周，这才发现周遭静寂无声，于是，伸个懒腰，打个哈欠，慢悠悠地下了床。然后，宰予坐在榻上，手肘靠在几案上，手撑着下巴，迷迷瞪瞪地望着窗外，因为刚刚睡醒，他感到脑袋还未完全清醒。

院子里，石阶上，已照进了斜斜的阳光，投射在地上的是院墙细长的影子。两三只小麻雀叽叽喳喳叫唤着，突然惊飞起来，又停在屋脊上。屋脊上的瓦顶，反射着斜阳的金色光芒。在这光芒中，那些栖止的麻雀，就像点在屋顶上的小黑点儿。

"睡过头了吗？"宰予想着，心里变得有点儿紧张了，竖起耳朵听着周围的动静。从远处的教室里，传来隐约的讲课声。

"不好，真睡过头了！"宰予这下慌了，一骨碌从榻上跳了起来，慌慌张张地走出寝室。可是，宰予刚走到门边，就突然停住了脚，眼睛望着床榻。

"如果这样子去，要是没有什么借口，那多不好意思！"宰予在室内轻轻地踱着步，一边踱步，一边又晃着头不停嘟哝。宰予来回走动了一会儿，回到几案旁，用袖子擦了擦眼睛，神色冷静地走出了寝室。

宰予穿过走廊，到了大家正在上课的教室前，停步站在那里，倾听着教室里的动静。教室里，同学们正讨论得很起劲。孔子的讲话也听得很清楚。这下怎么办呢？宰予准备扭转头回去，可最后还是下定决心，推门进去了。

当宰予进去时，教室里的说话声忽然都停了，众人的视线不约而同地集中到他身上。宰予感到浑身不自在，尤其是孔子严厉的眼神，让他觉得好像陷入万丈深渊一般，两条腿也不由自主地发抖。但是，缩头是一刀，伸头也是一刀，爽性不管了，宰予勉强让自己镇定下来，走到孔子跟前，向孔子行了礼。

孔子看了宰予一眼，没有说话。宰予这时想抓住机会辩解几句，但他毕竟理亏，紧张得不知从何说起，只一味地吞着口水。

"那么……"孔子向大家继续讲课，"可以一起学习的人，未必都能学到道。（可与共学，未可与适道。）"

宰予听了这句话，觉得孔子好像是在向他敲警钟，只好乖乖（guāi guāi）地站在那儿不敢动。孔子又谆谆（zhūn zhūn）地说："能够学到道的人，未必能够坚守道。（可与适道，未可与立。）"

听了这一句，宰予又觉得，孔子所说的话好像不是针对着某个人说的，这才稍微松了口气，情绪也缓和了下来，可还是不好意思回到自己的座位上，依然站在那里。

"但是……"孔子稍微把身子挺了挺，接着说，"能够坚守道的人，未必能够随机应变。（可与立，未可与权。）"

宰予听到这里，觉得孔子所说的道理太深奥了。同时，他又有点儿小小的得意，权衡轻重、随机应变的权变之智，相信自己绝不至于落在别人之后的。于是，宰予完全卸下了精神上的紧张不安，恢复了镇定，向自己的座位走去。

暗中观察着宰予神态的孔子，就在他走到座位上、正要坐下的那一瞬间，叫住了他："宰予！"声音虽然不大，却让想要坐下的宰予吃了一惊,马上伸直了正在弯曲的膝盖,两腿像木头似的站着。

"我们讨论的问题,对你来说根本没什么用处,你还是回去继续睡觉好了。"大家不约而同地看向孔子,孔子说的话把大家给吓住了。之后,大家的视线又集中到宰予脸上。此时的宰予,觉得自己好像遭遇到了一阵无形的大风,身体快被卷飞起来了似的。幸好,宰予的意识仍很清楚,不安地说道:"夫子,我迟到了,因为……"

"因为什么?"孔子盯着宰予,严厉地紧跟着追问。宰予有点儿畏缩了,不敢再继续说下去。

孔子又说了:"如果你想为大白天睡懒觉找借口,那就别再多费口舌了。那样的话,反而是错上加错。"

宰予慌张极了,脸涨得通红。但是事已至此,也是他的性格使然,他还想找些话狡辩。

"因为……"

"宰予!"这时的孔子已经气得脸色像布满乌云的天空了,没让宰予继续说下去。

孔子沉痛、凝重而威严的声音,让宰予和教室里的所有弟子,都不禁低下了头。

"你还想继续再三再四地重复犯错误吗?这样的话,你就是自甘堕落啊!跟腐朽的木头、粪土的墙壁相比,又有什么差别?朽木头不能用来雕刻花纹造型,粪土墙面不能粉刷,涂得再怎样光滑,不多久也会剥落。"

说罢,孔子的视线从宰予身上移开了。一阵沉默,孔子忽然低声说道:"对不起,刚才我的声音有点大,说得有点过激了。我其实也不愿意多说——责备宰予,又有什么用呢?"

宰予感觉快要气闷晕倒了，但强忍着站立不动。良久，没有一个人敢说话。光线昏暗的教室里，充满着闷热的空气，四周一片沉寂。弟子们背上都渗出了冷汗。

"宰予，回去吧，自己好好反省！"孔子慈祥的声音，打破了沉默，赶走了寂静，但大家还是很紧张。宰予悄悄地挪动了脚步，在大家的目送下，彳亍（chì chù）出了教室。

宰予的脚步声消失之后，孔子的心境似乎很落寞，看着大家说："至今，我相信大家都是言出必行，可是以后我再不会这么想了。不彻底观察你们的言行是否一致，我就不能放心啊。有些人不是和宰予一样的吗？……可是，怀疑别人，是多么难过的事情啊！"

学生们低着头，一动也不敢动。

"我常说，有过失，就不要畏惧改正。（过，则勿惮改。）任何人难免会犯过错，谁都会有一时的过失，有过错了就加以改正，就不会再有过错了。① 可是，有过错却不改正，那就是真正的过错了。（过而不改，是谓过矣。）有过失就改正，就回复到无过的状态，唯有不去加以改正，那么就真成了过错了，而一辈子也来不及改正了。而且所谓的过失，也有小人之过与君子之过的区别。所谓'观过知仁'，就是通过观察别人的一次过失，可以知道他是仁还是不仁。无论如何，不可以只靠言辞来掩饰蒙蔽真相。如果你们有这种蒙混心理，那就是错误的。如果宽恕这种欺蒙的人，社会便失去了诚信。诚信是人与人相处时最重要的法则。人而无信，就如同大车没有车辕与车轭相连接的插輗（ní），小车没有车杠与横木相衔接的軏（yuè）销，车子与拉

---

① 《大戴礼记·盛德》："人情莫不有过，过而改之，是不过也。"

车的牛马脱离开，一步也不能行进。社会也如此，一个人如果不讲信用，真不知道他怎么处世！人而无信，不知其可也。（人而无信，不知其可也。大车无輗，小车无軏，其何以行之哉？）所以，我暂且不提别的过失，我只希望，各位至少要避免在言辞上的掩饰与欺骗。"孔子苦口婆心地告诫着弟子们。

孔子说罢这番话，闭目静思了一会儿，忽然又有了感触似的，睁开眼睛说："但是，犯错的不只是宰予一人。现在的社会到处都是靠巧言令色而活着的人。虚心承认自己的过失，知错而能口上不说但心里自责的人，可以说几乎没有了。想到这一点，是多么令人失望呀！不过，反过来想，这样的社会，一旦发现问题存在，才需要我们互相勉励去改进啊！这是好机会，我们大家都反省反省吧。能够称为老师的，也不一定只限于善者。三人行，必有吾师焉。择其善者而从之，其不善者而改之。也就是，见贤思齐，见不贤而内自省。这样，善者与恶者，皆为我师。宰予，从这种说法上来看，也是你们的老师呢。大家不可憎恶、鄙视他，只需认真反省自己就是了。"

说罢，孔子退出教室，留下不语的学生们沉思。

当天晚上，宰予忐忑地来到孔子的房间，希望夫子平息了怒火并能够宽恕自己。出乎宰予的意料，孔子非常和气地接待了他，还和他相对而坐，说了很多话。孔子将白天给同学们讲的话和其他一些道理，对宰予又告诫了一遍。诸如：

"人之初，性本善。人生来应该都是诚实的。社会上有些人染上了坏习气，失去了天真正直的本性，那些不老实的人言行邪乎乎的，还得意扬扬自以为高明，其实只不过是一时运气好，幸免于遭天谴天诛之罚而已。"

"君子欲讷（nè）于言而敏于行。"

"学问是为充实自己的，而不是为了要见知于别人的。古之学者知道为充实自己而求学，但是，今之学者却为求知于人而做学问。（古之学者为己，今之学者为人。）唉，真不应该这样啊！"

宰予虽然边听着边频频点头，但内心还是颇抵触的，自然无法心服口服地承受孔子的这些教导。

"午睡过了头，算我倒霉好了。"宰予心里还这样合计辩解着。

"沉默讷言，社会可不容易赏识起用这种人的。"宰予心里是这样的见解。

"虽说学问是为充实自己，可是不与社会发生关系，也是无意义的嘛。"宰予在心里这样辩驳着。

孔子并非察觉不到宰予的这种怀疑态度，对宰予的教育也感到有点力不从心了。最后，孔子语重心长地说："人的心，如果未依循天理，内心就不能平坦广阔。如果老是抱着这种那种想法的话，你的心永远是戚戚不安的……好了，时间不早了，回去休息吧。"

宰予如获大赦似的站了起来，终于结束这被训勉的感觉了。宰予没有意识到的是，在内心深处萌发了一种念头，那就是他对孔子的教导表示赞同，也体会到自己的缺陷。不经意间，宰予的神态也变得认真多了。

申枨之欲

子曰："吾未见刚者。"或对曰："申枨（shēn chéng）。"子曰："枨也欲，焉得刚？"

——《公冶长篇》

参考语译

孔子说："我没有见过刚强的人。"有人回答说："申枨就是刚强的。"孔子说："申枨这个人欲望太多，怎么能刚强呢？"

孔子越来越发现，向来认为很可靠的弟子一旦做了官，便没了刚毅的德行，在政治上会轻易向权臣妥协。这令孔子感到非常失望。于是，最近看到弟子，孔子会经常地对他们说："吾未见刚者，吾未见刚者。"

孔子每次一边这样说，一边叹息不已。

很多弟子都觉得很奇怪，他们想：像仁、智或者中庸这些高大上的美德，当然不敢说自己有，但唯有刚毅这种德行，很多同学无疑是具有的。首先，谁都会想起子路；其次，若是年轻的弟子，很有魄力的申枨便算一个。

申枨是个二十多岁的小伙子。他脸上长满浓浓的络腮胡子，一双大眼睛炯炯有神；参加辩论时的声音像雷鸣一般洪亮，从气势上仿佛就能压倒对方。个性刚强的申枨，无论对前辈，还是年纪相当的其他人，一点儿都不客气。有时候，他会挑衅（tiǎo xìn）地耸起肩膀，像是要找人打一架似的。同门师兄弟一看到他就尽量回避，因为他有时脾气一上来，连孔子也觉得不知道怎么处置他为好。

年轻的弟子，对申枨这种倔强的个性，虽然感到有点头大，却又觉得他的有些行为令人很是痛快。大概年轻的弟子们有一种同感吧，因为那些年纪较大的弟子们，在孔子面前尽管一副谦虚恭敬的样子，有时候连说话也紧张得有点口吃了，但是对年轻的师弟们，却摆着一张高高在上的臭脸，这种架子十足的傲慢盛气，让人简直受不了地窝火。对于这样的师兄辈，申枨却不怕，常常毫不留情地给予痛斥。他的痛斥有时也难免是强词夺理，可是年轻的弟子们觉得申枨在为他们辩驳，因而心里暗爽，甚至要拍手称快。所以，在年轻弟子们的心目中，申枨是最受欢迎与尊敬的同门了。他们都在心里不约而同地想："就刚毅方面来说，还是申枨最够资格。作为大师兄的子路，恐怕也比不上他呢。"这也是他们之间的统一的品评认定。

有一天，这些年轻的弟子当中，有几个恰巧正在孔子的房间听讲。当他们又听孔子讲："吾未见刚者……吾未见刚者！"这时，有个弟子忍不住立刻接话说："申枨如何？"

孔子听了莫名其妙，审视地看了大家一会儿，充满无奈地说："枨也欲，焉得刚？"

弟子们都觉得夫子的评断很难理解，他们不相信申枨是个多欲的人。相反，申枨对金钱的态度向来极为淡漠，他对忙着赚钱且善于理财的子贡师兄一直很反感。当然，和颜回相比，申枨还有些差距，不能那样洒脱，超越贫富的束缚，可是年轻的弟子们仍然认为，孔子指责申枨多欲是难以理解的事情。即使申枨是个欲念很多的人，但他必定也还是个刚毅的人，谁也不能否认这一点呀，申枨平日的生活和为人处事就是很好的佐证嘛。想想看，就是孔子对申枨倔强的个性，也一样没招儿，也想不到好的压制对策呢。

他们都这般想着，于是有人立刻反驳似的说："夫子，您说申枨有欲，是不是您的要求有点苛刻啊？"

孔子微笑着说："苛刻吗？不见得吧。我可是认为申枨比一般人的欲望都要多呢。"

弟子们诧异地望着孔子。孔子接着解释道："这个多欲不是指贪财等方面的。欲,有各种不同的形态。申枨负气争强,个性刚愎（gāng bì）强硬,执迷不悟,这就是嗜欲（shì yù）。所谓欲,就是不等辨别是非,只想要胜过别人的一种私心而言。顺乎天理而积储钱财,不能算是嗜欲。反之,对金钱虽不贪婪（tān lán）,但是用意气与别人相争,就算他的性格刚直,但心里怀有好胜逞强的表现欲而感情用事,这不是欲又是什么呐?可见,申枨的欲很强呢。这样极端嗜欲的人,如何配称刚毅呢?"

听完孔子关于"欲"的说明,弟子们明白了夫子的意思,他们也意识到申枨确实是个争强负气的人。可是,弟子们仍不能理解何以逞强斗气就不能称为"刚"。于是,他们仍迷惑地望着孔子。

"还不了解吗?"孔子继续阐述,"'刚',这种德行,不是对人争强的意思,不是克人,而是克己的。也就是说,刚不是战胜他人,而是要战胜自己的私欲。人啊,能克制自己、战胜自己,那才是最了不起的。做事顺乎天理,不避利害祸福,任何困难都阻挡不了他,且一直保有一颗安恬平和的心,这才算是真正的刚啊!"

听到这里,弟子们都不约而同地俯首称是。孔子微笑着说:"不过,你们还是要向申枨学习,申枨的硬刚争胜,并不是为了金钱或权势,而是在为了追求大道而努力的。"

年轻的弟子们,好像在最紧要的关头,被孔子说的话击中了要害似的,瞠目（chēng mù）结舌地互望着。之后,大家都轻声拜别孔子,有点手足无措地悄然离去了。

伯牛有疾

伯牛有疾。子问之，自牖（yǒu）执其手。曰："亡之！命矣夫？斯人也，而有斯疾也！斯人也，而有斯疾也！"

——《雍也篇》

参考语译

冉伯牛得了重病。孔子前去探望他，从窗户外面握着他的手把脉。离开后，孔子说："要失去这个人了啊！这是命中注定吗？这样的人，竟会得这样的病啊！这样的人，竟会得这样的病啊！"

最近以来，冉伯牛的麻风病症状更显明了。他的手和脸上的皮肤变得干裂，处处可见浮肿的毒疹；裂开的紫红色皮肉，像溃烂的柿子似的渗出腐臭的脓汁。

来探病的友人，这几个月来一天天地减少。不过这样也好，伯牛本就不喜欢让别人看到他那副肿胀不堪的脸面，希望最好不要来人看望他。然而，病情加重，他的心底有时还是充满了莫名的惆怅的，一种寂寞感像深秋的水一般凉透了他的心。而他那悲凄的心底深处，蕴藏着无尽的对人生的憎恨与诅咒，像浊浪奔流似的不断在心中起伏。

尤其是清晨空气新爽的时候，伯牛躺在病榻上静静地望着窗外，和煦的阳光灿烂地照射在那充满活力的树叶上，浮闪着生命的璀璨辉芒，此时的伯牛更是备感绝望，不禁觉得上天是这样残酷无情，好像专门极端不公地在针对他一个人似的。

"在这样圣洁的阳光之下，眼巴巴地等着皮肉慢慢腐烂下去的人……这岂不是上天所安排的恶剧吗？既然上天如此残酷无情地安排人生，人怎么可以信天敬天呢？"伯牛一阵胡思乱想之后，眼光无神地盯着那阴暗的病房角落。

但是经历了病痛的折磨之后，与最初发觉这种可怕的病症时的那种惊慌失措相比，伯牛现在的状态可以说坦然多了，内心已经恢复了平静。伯牛还记得当初极端惊恐之下，自己像没有灵魂的木偶般，整日独处在家中斗室里，彷徨无计、惶惶不可终日；那段时间里，心中充满了烦躁与绝望，连悲伤和憎恨的情绪也变得麻木了。伯牛曾好几次想自杀以了百了，可是每到千钧一发之际，他又忽然刹住了这种冲动行为。每当从短暂发作的状态中清醒过来，伯牛才意识到自己曾经陷入了极度的错乱中。

伯牛颓丧至极，之所以仍能恢复精神正常，仍然保持着爱憎的人性而不至于自暴自弃，是因为有孔子的鼓励。

孔子常常来看望伯牛，了解他的病情。孔子的看望给伯牛带来很大的安慰。孔子在看望的同时，不断给伯牛安慰打气，鼓励他与病魔作斗争，规劝他不要自暴自弃，给予他很多的教诲。谈话的时候，孔子时常和伯牛分享过去大家在一起的酸甜苦辣，例如常提到大家一同周游列国时备尝旅途艰辛、饱受风尘劳苦等回忆，尤其是受困于陈蔡两国的旷野而挨饿受冻的往事。对伯牛来说，这种和老师、和同学同甘共苦的往日回忆，最能牵动他心中对生的留恋。虽然孔子对他的安慰和鼓励，甚至还有叱责与教训，仍难以使伯牛康复、免受疾病之苦，可是他从孔子喃喃的回忆述说中，想起周游列国时一起遭受的危险之时，他那枯萎而消沉的心里，对于生命的渴望便随之复苏，就像一滴滴露水般滋润着心田。

同时，伯牛因病痛折磨消耗将尽的理智也逐渐恢复正常。近来病情虽然又加深了，可是他再也不像以前那样大惊小怪，甚至情绪焦躁以致丧失理智。并且，他最近正在努力学习如何克制悲伤与怨天尤人的心理：如何下意识地忘掉自己的恶疾，能够和从前一样地集中精神去学习仁道；如何才能在思想上超越生死的纠结，成为现在思索的问题。

"从德行方面而言，夫子曾经把我和颜渊、闵子骞、仲弓并称。

夫子曾极力称扬我，而我听了也不禁沾沾自喜。如今回想起来，我的德行只不过是像积木般堆成的。自己得病之后的心态就是最好的证据。一旦遭遇困境就经不起考验，竟至崩溃得这般可怜。既然不能克服自己的病苦和命运，这算得上什么德行？"伯牛苦苦追问自己。与折磨他的疾病相比，这些更令他难以平静。

不过，最使伯牛难忘的是，曾经在陈、蔡两国的疆界上，他们师生遭难绝粮时，孔子回答子路的话："君子固穷，小人穷斯滥矣。"

不错，无论什么时候，精神纯正、不迷不乱的人，才可以说是真正有德行的人。可是这种从容自如的修养，这种恒深的毅力从哪里获得呢？……记不得什么时候了，夫子曾经这样说过："三军可夺帅也，匹夫不可夺志也。"

"多么宝贵的教诲啊！我只染上疾病就这般癫狂错乱，这是多么可耻啊！究竟什么才是刚毅不移的志气的原动力呢？我仍然不能体悟它。唉，要不是到了今天，我对于这种最紧要的根本问题还一直怠于思考研究，仅仅是在形式上模仿夫子与前辈的言语动作呢。"

不断地反省而期盼自己的灵魂得到升华解脱的伯牛，不再像从前那么痛苦了。至少，在自我反省的时候，伯牛可以忘却自身正因疾病而腐烂发臭的肉体。虽然思来想去仍未体悟人生的最高境界，但是他的心灵已照进了当下人生富于仁爱的辉光。不过，病痛的折磨并没有消失，伯牛偶尔在病床上翻身时，遍身的皮肤疼痛难忍，再加上看到自己浮肿的双手，用手轻轻地抚摸着自己腐烂的紫红色的脸庞，用指头小心地探探鼻尖和眉弓，每当这时候，他的心还是被恐惧、畏缩、猜疑与诅咒等复杂的情绪所支配。

不知怎的，今天一大早，伯牛的情绪总是不能稳定，对朋友的猜忌也愈来愈加深了："大家再也不来看我了，大概是怕我的麻风病会传染，或者如他们借口说'我怕反而烦扰了他的静养'。这些口是心非的伪君子，大概只有在这种场合下，那些'恕'与'己所不欲，勿施于人'的教诲，对他们才有用吧？"

一连串促狭的念头，不停地在伯牛心中萦回。疑上加疑，越来越疑，最后，伯牛竟起了这念头，猜疑到孔子身上来了。他想，孔子恐怕也和其他人相差不远，不敢来了。

"对了，这样说来，夫子也好像一个月没有来看我了。记得我脸上的浮肿，也是上次夫子见我之后才更加严重的。难道夫子也不敢再面对我，逃得远远的了？"

"'岁寒，然后知松柏之后凋也。'夫子平日也常常板着脸孔，讲这个道理。那么，夫子究竟是否属于松柏这一类呢？幸亏我染上了这种病，才够资格考验一下这位至圣夫子的真面目。"

伯牛这样自我解嘲之后，他那眉毛和睫毛都脱落净尽的丑陋的脸庞，变得更加扭曲了。他不禁放声狂笑起来，可是，笑罢，继之袭来的是内心极端的憎恶感。伯牛竟然荒唐地想到，应该是为了揭露孔子的伪善和假仁假义，为了检验他们之间的师生情感的真假，老天才让自己染上这种恶疾的。这样刻薄的念头，让他越发觉得自己是其中的一个牺牲者。

"为了这个孔夫子，我至今不知受了多少苦头。而且，还要患上这种恶疾，我才能观察出他的真面目吗？孔夫子这个人，真值得让人付出这么多的牺牲吗？"伯牛越想越多心，念头也越发荒唐离奇，好像就要发疯了。

"夫子又来看您了。"这时，佣人忽然站在门口向伯牛禀报，打断了他的臆想。

伯牛顿时吓了一跳，好像从噩梦中惊醒似的，呆呆地瞪着天花板。随后，他又慌慌张张地从病榻上爬了起来，打算起来迎接孔子。可是转瞬间，他又躺了下来，很快地拉过被子蒙住了自己的头脸，身体微微地在被子下抖动着。

"请他到这儿来吗？"佣人靠近病床向主人请示，可是伯牛并没有回答。

佣人挠着头，想了一会儿，之后独个儿颔首点头，走出了病房，把门轻轻地关上了。

过了几分钟的样子，伯牛还在被子底下发抖。这时，忽然从窗外传进了孔子的声音："伯牛啊，我来晚了。我不是一定要看你病苦的脸色呢。我想至少你得让我听听你的声音吧。我是特地来看你的啊！"

"……"伯牛没有作声。

"最近身体怎么样？还是不舒服吗？不过，把你的心放开，安静地过日子吧。心灵不能保持安详，是君子的耻辱哩。"

"夫子……您，您……原谅我吧！"伯牛在被子里呜咽道。

"怎么了？别泄气啊，你躺着好了。我知道你的心事，不喜欢别人替你难过。你有这种想法，可以说是很对的。不过……"孔子稍做停顿，又说，"如果你对自己的病感到难为情，把脸藏了起来不敢和他人见面，那就不大对了。你的病是上天的安排，你好好接受天命，默默顺从天命才是。并且，这样才是践行真正的大道。能够迈上这条大道的人，才能达成智、仁、勇的美德，才能够开拓无惑、无忧、无惧的境界。也就是我平日里和大家说的'知者不惑，仁者不忧，勇者不惧'。"

伯牛继续呜咽着。站在窗外的孔子，能清清楚楚地听到他的哭声。

"伯牛，把你的手给我。"说着，孔子把他的右手从窗外伸进去。他的脸被窗框遮住，从室内一点也看不到。

伯牛那只浮肿的手，畏畏怯怯地从睡衣里慢慢地伸出来。孔子的手不知什么时候，已紧紧地握着那只手。

从被子里面又传出一阵悲伤的呜咽声。

"伯牛，我们将在黄泉相见的。但愿你想开些，保持心灵的平静啊。"说完，孔子放开伯牛的手，无声离开了窗户。

孔子走回去的路上，一连好几次转回头，向身后跟随着的弟子们伤感地喟叹（kuì tàn）说："真是没有希望了！这就是天命吗？这样良善的人，偏偏生了这么险恶的病！这样好的人，偏偏生了这么险恶的病！"

孔子一边思考着，一边仰望着苍穹。

"天命——不错，一切都归于天命。无论有疾病的人，还是健康的人，一切都栖息在天命的怀抱里。天意是一贯的，上天的旨意并没有你我的差别，只是走着它应走的道路罢了。只有能够深深体会天命的人，才能够切切实实地过着合理的人生哩！"孔子内心里感慨着。

孔子离开后好一阵儿了，伯牛才把头脸从被子底下露出来，他久久地凝望着刚才被孔子紧紧握过的那只手，心里真正理解了孔子的叮嘱。

伯牛的心境，如今清净明朗，丝毫也不再为自己腐烂丑陋的身体而觉得羞耻了。伯牛已超脱了生死的境地，安详地坐在病褥上面，不忧死神何时降临。

画地以自限

冉求曰:"非不说(yuè)子之道,力不足也。"子曰:"力不足者,中道而废,今女(rǔ)画。"

——《雍也篇》

参考语译

冉求说:"我不是不喜欢夫子您讲的道,我实在是能力不够呀。"孔子说:"如果一个人真正是能力不够,也要走到半路才放弃,但你现在是自己给自己画了界限而不想上进。"

"冉求,你近来怎么啦,萎靡不振的。"这也难怪孔子要问他,最近几个月以来,冉求看起来很是没有精神。从身体方面而言,冉求也并没有什么不好的地方;可就是不知怎么回事,人变得闷声不响,整日愁眉不展。

冉求进孔门求学的目的,不管面子上是什么理由,实际说白了就是为了学有成绩以求得做官的机会。冉求认为,要做个政治家,首先应该学完《诗》《书》《礼》《乐》,才可以全面应对官场事务。而这些方面的学问权威就是孔子。所以,只要进入孔门,总有一天必能学成,成为有用之才,并且也比较容易把握到做官的机会。冉求给了自己这样的信心,一直在默默地用功。

可是在孔门读书不久后,冉求便心生疑惑了。他私下里忖度,孔子的大道与他最初所想的不同,而且和现实距离很远。当然,他也时常主张实践比理论重要。不过,孔子所提倡的实践,却与实际的社会生活大大的脱节。冉求认为,如果老老实实地实践孔子的理论,那么,在现实生活中必定难有作为,会成为失败者。

冉求掂量着:"没有具备客观实用性的理论,不就是一种空谈幻想吗?我并非为了那虚无缥缈的美好的理想境界,才到孔门做弟子。我需要的是与现实生活相结合的、具有实用性的可实际操作的学问。如果总是沉浸在梦想般的学问中,犹犹豫豫地过着消极的生活,那么一定很难见到做官的机会降临的。对了,我想夫子对我们的前途和就业问题，好像很少特别提及或专门过问呢。'不患人之不己知，患其不能也。'只要我们才华艺能优秀，就不用担心世人不会赏识我们。夫子虽然这么说，但我们不得不认为他的思想的确不大适合于当前的社会啊！我并不是说要把孔门弟子向天下的诸侯强行推销，使大家都当官，而是认为，夫子起码应该了解我们心中所想，让我们各展所能，使我们孔门弟子的声望日重吧。"

"要总是现在这个样子的话，那是无论如何不可以的。像颜渊这一类的人，孜孜不倦地学习夫子的一言一行，态度恭敬严谨，像是很满足似的，应该称赞。但其实是他病弱的身体无法从事政治方面的工作，只好借读书和修行逃避现实，自我陶醉于其中。如果夫子也要求我们和颜渊一样，向颜渊学习，那就有点儿强人所难了。夫子的用意我很是不解哩。颜渊性格内向而且身体病弱，所以一心求学，难怪在个人德行方面会有比较高深的成就。然而，在政治方面而言，不是也需要像子路般的刚强勇猛，子贡般的雍容华贵吗？不可能任何人都千篇一律、依样画葫芦般地造就的。如果不顾及每一个学生的个性，那还讲什么因材施教，还有什么仁道呢？"

抱着这种种的不满，冉求反反复复胡思乱想地苦闷了不少日子。有好几次，每当与孔子谈话的时候，冉求总是想借机提起这个问题。可是每次还没有说到正题时，孔子早已懂得冉求的用意，不知不觉之中他又被孔子委婉的教诲给约束住了。几次之后，冉求不敢再启口发泄那蕴积在心头已久的牢骚了。每次被孔子教诲的时候，冉求总觉得孔子的教训和责备，就像完全是责罚不懂事的小孩一样，轻轻地把他抱起来，然后用手轻轻地、慈祥地在他头顶上拍一拍。每次遇到这种情形，冉求就变得不知所措、茫然自失，之后，心头就涌起一种不可名状的落寞感。

随着时间的推移，冉求越来越感到惊奇，孔子真是洞察入微，似乎能够深刻地看穿每一个弟子的内心。冉求虽然在孔子面前尽量掩饰，可无论怎样遮掩，孔子都还是能清楚地知道他的心思。在平日教学或日常相处时，孔子不单是对冉求，而是不会忽略每一个弟子的个性，把每个弟子的特性都掌握得很清楚，了解每一个弟子的毛病和思想动态。并且，孔子的掌握并非散漫而无系统。孔子的内心如同装置了测知他人心理的精密仪器，好像一伸出他的手，就能够随心所欲地探测到每一个弟子的心思。又像擅长演奏的乐师熟悉琴弦，孔子熟悉每个弟子的心弦。"吾道一以贯之。"孔子常常说这句话。也许这部机器，就是孔子所指的"道"吧？可是冉求无法确切认出其真面目。或者是"仁"，或许是"忠恕"……它好像是属于这几种说法，可是它的实体，也就是它的实在，是不容易体验的。并且这种深奥的境界，就是孔子观照现实生活各种事物的力量。

潜移默化的作用，冉求渐渐明白了，现在终于后悔了：孔子的思想绝不是自己从前所想的如空中楼阁，也不是脱离了现实的梦想。孔子的哲学，是具有完美的客观性的，是符合现实生活的活泼泼的道理。"对了！努力探究孔子的哲理，这才是真正的学问。"

冉求一天天地觉醒起来，态度也在改变。他对于做官的念头，也不是那么上心了，甚至觉得越来越不重要了。冉求以这种崭新的心境仔细观察诸位同门师兄弟，认识到同学之中还是颜渊最优秀，真是出类拔萃的人。"闵子骞、冉伯牛与仲弓，都是很优秀的人才，但不能和颜渊相比。宰我和子贡好像还有点儿高傲，子夏和子游天资较差。子路像是个鲁莽而老捅娄子的野心家。至于我自己呢？"每当反省自己的时候,冉求总是感到惶惑迷惘,一声长叹之后再静坐下来。

和子路一样,喜欢政治的冉求,由于不像子路那样刚毅与坦白大方,有时难免卖弄小聪明,结果常常陷入三心二意、纠结犹疑的泥淖。众同门师兄弟虽然都认为冉求是谦逊而忠厚的人,但是他自知这只是自己善于掩饰罢了,自知自己狐狸似的卑鄙狡猾心理引诱着良知,以致有意无意地生起了反对孔子思想的妄念。

"我是正在探求大道真理的人,这种做法不会有错误吧?"冉求的确是这样认为的。但不可否认的是,他的内心深处,不知道何时何地起,有了回避孔子的哲理圣道的企图。他又想:"我本来就是与孔夫子宣教的哲理完全没有瓜葛的人嘛。"

这种想法最近更加深刻了。很多次地,冉求思来想去到最后,竟然突发奇念,要早一点儿脱离孔门。然而很可怜的是,他又做不到,他始终没有这种决断的魄力。在这种犹豫不决的情形下,更养成了虚与委蛇、故弄玄虚的恶习。但是,每当他成功地掩饰了自己,卖弄了小伎俩之后,袭进心头的空虚失落感,却一次比一次加深了。

时间一久,苦恼的冉求脸色越来越苍白,神情越来越抑郁。

终于有一天,冉求忍无可忍,再也受不了心中的空无感,独自去拜见孔子。冉求本来准备把所有的烦恼向孔子倾诉,乞求夫子的指导,可是,一进入孔子的房间,那与生俱来的古怪性格又控制住了他。

"我很敬仰夫子的学理。只是,我常为自己没有能力而遗憾。"冉求讲过之后,当即发现自己的话丝毫没有什么深切的意义。

"我何必单独来见孔子呢?如果只是为了说说这么平凡的事情,何必如此打扰他。夫子一定会觉得莫名其妙而笑话我。"冉求这样想着，畏缩地偷偷地瞄了孔子一眼。

而孔子的表情比冉求所料想的更加严肃，用充满关怀的目光注视了冉求一会儿。

"苦闷么？"孔子慈祥地说。

冉求心里那刚抬起头的古怪的狐狸，一听到孔子温和的声音，立即缩起了头。同时，一种不可名状的感动，流进冉求的胸怀。他觉得好像被拥入了母亲的怀抱，他有一种在母亲的怀里撒娇受宠的渴望。

"是的，很苦闷。我不知为什么不能回到坦白的心？老是具有这种不纯正的心理，虽然受了夫子的教育，却一直很少感到受益。"

"我了解你的心情。但吃过苦头的人，总比一点儿都不感到烦恼的人，更容易得救哩。你可以把你的痛苦，当作更上一层次的代价。这是值得庆幸的，何必沮丧、失望呢？"

"可是，夫子，我……我没有探究哲理的天资，我的素质本来就很差。我是一个笨瓜蛋，我是一个虚伪的人，并且……"冉求忽然像被解放了某些束缚似的，很兴奋地责骂自己、诅咒自己。

"别再那样说了！"这时候，孔子的声音变得凛然起来。

"你要痛骂自己的缺点来安慰自己吗？你有这样无谓的时间，为什么不用来锻炼自己、砥砺（dǐ lì）自己呢？你在辩白自己没有追求真理的真心和能力，但是，能力的有无，要等到你亲自努力追求之后方能觉知的。当然，天资不够的人，中途就会受挫，但是，受挫之后方能说是天资不足啊！还没有遭遇失败之前，预先就说自己能力不足的人，是对上天莫大的亵渎（xiè dú）啊！最可鄙的是，还没有尝试之前就去否定自己的能力，是所有恶行之中最大的恶行。因为，这等于否定了生命本身。但是……"

孔子稍微放低了声音:"你还不是由衷地否定了自己的能力。你讲这些话不过是对我的强词诡辩,同时也向你自己强词诡辩哩。这是不对的,这也是你最大的缺点哩。"

冉求觉得刚才内心已经躲藏好的狡猾的狐狸,在孔子面前怎么也藏不住了,这让他很是狼狈。

孔子又平静地接着说:"仁远乎哉?我欲仁,斯仁至矣!我想这是由于你的探求真理的心还没有到达真挚的缘故。有真正求道的热忱,自然会热烈追求。热忱烧净了你的俗念,使你恢复纯洁坦白。虚心求学才是接近仁道的唯一途径。其实,仁道并非那么难以求得。你不能求得仁道的原因,是你心中怀着不纯正的私心杂念,而这个心念隔离了你和仁道。也就是说,你的求道之心尚未到达纯正的地步。是不是?"

冉求羞愧地低垂下了头颅。

"无论如何,自言能力不足而自限其能力的人,除了承认自己的耻辱之外,不能成为自己的辩白。对了,时下年轻人常常唱这首歌——

> 郁李树啊花儿盛开,
> 轻风吹拂花影摇荡。
> 花影摇荡啊花枝招展,
> 翩翩翩翩啊翩翩翩翩,
> 向这儿招手啊招招手,
> 使我的心啊念念不忘,

只是我俩相隔这样远，

不是我不去探芬芳。

（唐棣之华，偏其反而。岂不尔思？室是远尔。）

"像这一首逸诗，对于具有入世的信心的人来说，是多么轻浮哩。怎么可以说仁道是在那么遥远的地方，相隔得那么远而无法到达呢？以求道艰难幽远为借口而畏避退缩的学人，不是等于证明他的用功不真挚吗？（未之思也，夫何远之有？）哈哈哈！"说到这里，孔子也高兴地笑了起来。

冉求的脸上也像沐浴着阳光，露出畅快的神色。他好久没有像今天这样愉快了。冉求辞别了孔子，走在回家的路上，脚步充满了新生的气息，感觉很是轻快。

犁牛之子

子曰:"雍也可使南面。"

仲弓问子桑伯子,子曰:"可也简。"仲弓曰:"居敬而行简,以临其民,不亦可乎?居简而行简,无乃大(tài)简乎?"子曰:"雍之言然。"

——《雍也篇》

或曰:"雍也,仁而不佞。"子曰:"焉用佞?御人以口给,屡憎于人。不知其仁,焉用佞?"

——《公冶长篇》

子谓仲弓曰:"犁牛之子,骍(xīng)且角;虽欲勿用,山川其舍诸?"

——《雍也篇》

参考语译

　　孔子说:"冉雍这个人,可以让他面朝南坐——出仕当官哟。"

　　仲弓问孔子:"子桑伯子这个人怎么样?"孔子说:"这人还可以,办事简要而不烦琐。"仲弓说:"居心恭敬严肃而又行事简要,像这样来治理百姓,不是也可以吗?但自己过得马马虎虎,又以简要的方法办事,这岂不是太简单了吗?"孔子说:"冉雍,这话你说得对。"

　　有人说:"冉雍这个人,有仁德但不善辩论。"孔子说:"何必要能言善辩呢?靠伶牙俐齿和别人辩论,常常招致别人的讨厌,这样的人我不知道他是不是做到了仁,但何必要能言善辩呢?"

　　孔子在评论仲弓的时候说:"耕牛产下的牛犊,长着红色的毛,角也长得整齐端正,人们虽想不用它做祭品,但山川之神难道会舍弃它吗?"

"雍也可使南面。"孔子近来常常夸仲弓,甚至大方地给以这样高度的评价。

仲弓为人宽宏大量,不拘小节,是孔子门下高才生中德行很高的人之一,孔子对仲弓的这种称赞,不算太过分。但是,其他弟子的心里还是觉得,孔子对仲弓的称赞是有点儿过高了。

孔子的称赞,让仲弓自己感到不好意思。仲弓想起了孔子曾经对他说:"人有了过失,拿严正的话去规诫他,他既没有反驳的理由,能够不归顺吗?但总要在实际上改过,才算可贵!或是换一个方式,拿正道的话委婉地劝诫他,他若是个懂得道理的,能够不乐意接受吗?但是还必须细心寻绎所劝诫的事情的真实头绪和意义,才算可贵!如果只看着乐意接受,而不再去细心寻绎,表面上顺从而实际上不改正,我也就没有法子使他怎么样了!(法语之言,能无从乎?改之为贵!巽与之言,能无说乎?绎之为贵!说而不绎,从而不改,吾未如之何也已矣!)"

"也许,夫子以'可使南面'这句话,表面上是称赞我有主持大政者的风度,但说不定是委婉地讽刺我的缺点哩。有人说子桑伯子这个人,他的个性很像我。子桑伯子确是胸襟宽大,也不谨小慎微。依我看来,他为人虽然很好,可是个性未免有些粗疏大意。或许我也有这种缺点吧?虽然我自己时常注意到这一点。"

每次,当仲弓想到这里,就不再为孔子的赞许而高兴,反而觉得有点儿惶惶不宁。

想来，这也只能从孔子那里才能知道到底是什么意思。然而，仲弓可不敢直接地向孔子说："夫子，不要再那么委婉地讥讽我，请您明白地指出我的缺点吧。"孔子要是并没有讥讽的意思，自己向夫子这么一说，那岂不很唐突无礼了？

有一天，仲弓遇到与孔子单独相处的机会，正好趁此提起子桑伯子的为人，向孔子请教。仲弓心想："如果夫子有讽刺我的意思，他就会从子桑伯子的话题转到我的身上。"

但是孔子的回答非常简单："他是个很好的人，为人很大方。"

孔子的话里，根本没有从子桑伯子而联想到仲弓的意思。仲弓顿感失望，又说："大方也得有个度吧！"

"嗯。那么，你认为应该如何呢？"

"我想平常做事应该谨慎周密地做好计划，一到实践的阶段，就应该简明扼要、干脆利落地行事。是不是这样做才算是理政治民的要诀呢？如果做计划的时候太过简略，到实行的时候又从简草率的话，就容易变成放纵难收拾……"

孔子不答话，只是点了点头。仲弓没有得到最终的答案，只好拜辞而去，心绪仍不能安平。

因为这次谈话，孔子后来多次对其他弟子提到仲弓，又不断地赞美他，并且一再感叹："仲弓真是有当官理政的风度啊。"

仲弓听说了孔子的这些话，非常感动。但是，仲弓并不因此而自满，反而更加省察自己平常的言行，生怕对不起孔子的期许。

又有一次，仲弓向孔子问及"仁"的意义，孔子答说："在外面与人打交道，要像接见贵客上宾一样地恭敬；使用人民的力量，要像奉承大祭典那样郑重其事。自己心里所不甘愿的，就不要施加到别人身上去。总得做到在邦国没有怨恨，在家庭也没有怨恨才是。（出门如见大宾，使民如承大祭。己所不欲，勿施于人。在邦无怨，在家无怨。）"

仲弓反复思量孔子讲的这些话，是在于教育自己养成"敬"和"恕"啊。

"一定遵守夫子的教训。"仲弓在内心里这样发誓。自此以后，他绝不忘记当时的决心，不断地警惕自己敦品励行，要心怀谦虚，言行谨慎稳重，戒除骄傲自大、浮浅毛躁。仲弓知道："谦虚推人向前进向上升，让人获得益处，自满则拉人往后退往下落，给人招致损失。别人越是称赞我，我就越应该检束督促自己才是。"

可是，这位品行优秀的仲弓，说来很是不幸，父亲却是一个身份低贱而且行为放肆的人。很多同学因此每听到孔子称赞仲弓的时候，由于嫉妒心理作祟，往往提起仲弓父亲的事情，故意讥笑他。例如，有一次，有个弟子好像有意让孔子听见似的很大声地说："仲弓似乎已进入仁者的行列了。但是可惜啊！他没有啥口才。"

孔子听见这弟子的诽谤（fěi bàng），当然能识别其用意，便厉声向这弟子说道："说啥呢？口才？巧言善辩有什么用处？"

那个弟子受到训斥，当时有点儿慌张，但一会儿后就又不服气地说："我是说，他那样的口才，如果想要游说诸侯以得到重用，我相信诸侯们肯定不会动心的。真是可惜了！"

当他说到"可惜"二字的时候，特别加重了语气。这种语气，在有修养的人听来，是极大的讥嘲，心里必然会为仲弓抱不平。但是，这些对仲弓充满着嫉妒的弟子，听了之后都觉得很痛快，却极力地忍住笑,等着瞧孔子如何回应。

孔子的脸色一下变得铁青,略微闭了下眼皮,似乎不想搭理那弟子,可是转瞬间,他眼睛一睁,用锐利的眼光扫过在场的弟子们,说:"有时,很会说话的人反而容易失言,口若悬河的人往往会得罪他人。结果,在不知不觉之中,他会变成众人厌恶的对象。我还不清楚仲弓是否具备仁德。可我很清楚,他至少在口才这方面,时刻注意不随随便便说话。他的口才虽然比不上有些弟子,但是对于诚实的人来说,口才纯属末技小道,于修身无关紧要。"

那一天,孔子的话结束了大家幸灾乐祸、想看笑话的企图,然而,暗地里批评仲弓、讥笑仲弓的闲话,仍不绝于耳。因为,他们实在找不到仲弓的缺点,只好拿他的出身低贱和他的父亲混账来当作笑柄。

孔子特别表扬仲弓的原因,表面上是由于仲弓的品学兼优,实际上更大的动机是有意让弟子们放弃对仲弓的出身和父亲的偏见,认识仲弓自身的真正价值。可是,孔子没有料到,现实的发展与自己的好心相反,孔子越是称赞仲弓,有些弟子因为心怀嫉妒,就越是起劲地找仲弓的瑕疵(xiá cī),不断用他的出身和父亲来找碴生事。

这让孔子很失望,黯然无语。但孔子很清楚,对仲弓的称赞,让那些小人心中燃烧着嫉妒的毒火。小人本来就非常难以制御。你跟这类人亲近,他们就不守礼;你一旦疏远了,他们就怨恨。(近之则不逊,远之则怨。)孔子想道:"小人之所以傲慢、怨恨和嫉妒,是由于他们也希望得到别人的认可,他们错误地认为自己才是最好的,只有自己有资格独受尊崇。盲目自高自大,是万恶的渊源。除非使他们真正认识到这种劣根性——妒忌的根源,否则,他们就是无可救药的。"

当然，除了围绕仲弓发生的这些事情之外，孔子平常就很注意在其他方面教育弟子。孔子平时很少谈到"利"的问题，偶尔提到"利"的时候，就同时谈到"仁"，将"仁"和"利"相提并论；并且，时时教诲弟子，不可固执和自私。孔子说："固执己见，勉强行事，或是强迫他人做事，这都不是君子应有的态度。能够规范君子行动的，只是正义罢了。"孔子本身也时时刻刻注意不臆测、不固执，尽量避免跟他人处于对立的状态。（子绝四：毋意，毋必，毋固，毋我。）

孔子的这一番苦心，对于那些心境和修养上还很幼稚的学生，很难见到任何效果。他们对于天命或者仁道，还是没有丝毫的心得。他们只能以贬低别人为能事，觉得多诽谤仲弓一句，就多一次心理上的胜利。伟大的孔子，对于如何改造这种学生的品性，也常常感到力有不足。可是，遗弃任何一个学生，更不是孔子所愿意的。

经过多次深思之后，孔子想出了一个办法，那就是带着五六名喜欢诽谤仲弓的弟子，进行一次郊游。

有机会和夫子一同去郊游，这些弟子们都感到非常荣幸。于是，在一个晴朗的日子里，师生一行兴致勃勃地来到了郊外。

田野里，到处可以看到牛在耕田。多数的耕牛，皮毛的颜色混杂参差，头上的两只牛角，不是长得歪歪扭扭，就是长短不均匀。孔子注意观察着这些田野上的牛，不久就发现了一头纯赤色的小牛。这只牛还很年幼，身上锦缎一般嫩滑的皮毛，在阳光下闪闪发光，头上的牛角虽然还不那么大，可是很漂亮很匀称，那美丽的牛角弯成半圆形，体态很是好看。

孔子走近这头小牛，忽然停下脚步，对弟子们说："好漂亮的小牛呀!"

弟子们对牛儿可没有什么兴趣,但孔子那么欣赏这头小牛,他们只好走过去仔细观察。

"这么漂亮的牛,可以做大祭的献礼牺牲。"

弟子们以为孔子今天是为了找一头祭礼的牺牲,带他们到了这里。于是,他们都异口同声地连声称赞这头小牛:"是啊,很漂亮的牛!"

"只是很可惜啊,这么美丽的小牛还要在田圃上耕地。是吗?"

"这一带,很难找到这么好的牛。"

"夫子要买的话,咱们去交涉怎样?"

但是孔子好像没有听见,也不回答,转身就走,边走边喃喃自语:"非常不错的小牛哩!但是血统不好,那还有什么用处呢?"

弟子们没有听懂夫子的话,你看看我,我看看你,都是一脸迷茫。因为通常用作祭礼牺牲的牛,只要皮毛是赤色的,角是匀称美丽的就好了,但从来没有听说过,祭牛的血统成了问题。为何孔子提出这个问题呢?很奇怪嘛。

"血统怎么啦,不是与祭祀无关吗?"终于有一个弟子开口问道。

"如果它是皮毛颜色不好的犁地耕田的牛所生的小犊子,天地山川诸神明会不会喜欢它呢?"

"我想,不会有什么问题的,只要那头牛本身长相很好的。"

"真的吗?大家都这样想,我也无须担心了。"弟子们又觉得很意外,但还想不到夫子话中含有的深意,都一脸的诧异:"夫子在说什么呢?"

孔子说罢,独自继续往前走着,没走多远,忽然若有所思地说:

"对了,仲弓最近怎样?那人不也是犁牛之子吗?我老是听到有人说,天地神明也不喜欢他呢……"

弟子们一听,顿时愣住了,就像挨了一记耳光,这时,他们才想起刚才孔子说那些话的用意,惭愧得无地自容,低头看着自己的脚,一声不吭。孔子继续说:"如果像大家这样,根本不过问人家的血统与家系,要是仲弓知道了,一定会很高兴的。我也会很满意的啊……所谓'君子成人之美,不成人之恶',小人则刚好相反。君子都是乐于成人之美的,绝不愿去揭发攻击别人的短处。但是如今的社会,到处都有背道而驰的小人啊。"

夫子是有所指啊!那些弟子和孔子一道走着,愈来愈觉得郁闷,只恨地上无缝隙可以钻进去。终于,他们忍不住提议:"也走不少路了,咱们回去怎么样?"

回去的路上,孔子又指着那头赤色的小牛说:"多么珍贵的赤牛哩!你这样美丽,诸神明一定很喜欢呢。"

经过夫子的一番教诲,那些弟子是否真正认真地反省了自己,只有天知道了。不过,从这件事情以后,仲弓的出身或者是他父亲的品行,就不再成为大家的话题了。

仲弓呢,他从来没有对同学们的这些议论介意过,而是一心贯注在自己德行的修养上,认真读书,奋力求道,以报答夫子的教诲和知遇之恩。

一以贯之

子曰:"参乎!吾道一以贯之。"曾子曰:"唯。"子出。门人问曰:"何谓也?"曾子曰:"夫子之道,忠恕而已矣!"

——《里仁篇》

参考语译

孔子说:"曾参啊,我所讲的道是有一个中心思想贯通其中的。"曾参说:"是的,的确如此。"孔子走后,其他弟子问曾子:"夫子的道是什么意思?"曾子说:"夫子的道,不过是'忠'与'恕'罢了。"

"夫子老啦。"

"是将近七十了吧?"

"明年七十岁了!"

"师母是前年去世的吗?"

"嗯。"

"哦!对了,七十了,怪不得这两年来夫子身体衰老得很明显。"

"七十岁。人到七十,难免衰老。不过,他老人家的心越老越澄明。"

"对啊,近来,我每到夫子面前,仿佛觉得置身于水晶的宫殿里,不知不觉中,我自己也像水晶一般变得透明了。"

"你能觉得自己像水晶,真是令小弟佩服啊。我怕在别人看来,你会显得像一块不起眼的小石头呢。"

"老兄,别开玩笑了?"

"我最近一到夫子面前,总是不由得肃然起敬。"

"那种感觉怎样?"

"这种感觉很难形容出来,就是觉得内心深处有一种不可言喻的喜悦。"

孔门弟子中,有十来个二十岁左右的年轻而活泼的弟子,正聚在一起聊天。其中子游年纪最大,今年二十五岁。子舆、子柳两人都是二十四岁。更年轻的有子张、子贱、子喜与子循。这些年轻人中,子舆是很受大家尊重的一位，也是孔子器重喜爱的一位年轻弟子。子舆，姓曾名参，乍看时，外表显得有些鲁钝，但实际上内心很聪敏，自我反省能力很强。比曾参大三岁的有若和大两岁的子夏，在机智方面也许跟他是棋逢对手，要是今天也在场，那这谈话一定会很有意思，可今天这两人都不在这儿。

这些年轻的弟子，都认为孔子的智慧高深莫测，大家只能够领会其中非常微小的一部分，所以，对那些不能领悟的部分，他们不得不经常进行猜测和想象，而且孔子本人也是他们说不完的话题。

"喂，夫子近来沉默寡言，很少教导我们。大家认为是不是啊？"

"不见得吧，时常被夫子教导且责备的人还是有啊，我也是其中之一。"

"你嘛，当然要算是例外了。"

"看你这话说的，你不也总是被夫子奚落？"

"哎，哎，算了吧！大家好好说话，别吵架好不好……不过，这位师兄说得没错，夫子近期确实很少说话了。"

"咦？我没有感觉到啊。"

"不，的确比以前沉默多了。"

"夫子一向就是沉默寡言的，并不是最近忽然变成这样子的啊。"

"对了，前几天有桩很有趣的事。"

"有趣的事？是关于夫子的？"

"嗯，他们也像你们一样，大概也是对夫子沉默寡言有了误会，五六个人一起找夫子抗议去了。"

"还有这等事！情形如何？"

"他们对夫子说：您对于有些人的教导很是认真，对我们却很少理睬。"

"这话太失礼了。"

"这是大实话,我们都有同感。"

"不一定大家都这么认为。"

"好了,好了,别打岔(dǎ chà),让他先说完。那夫子怎么回答的?"

"这个不用说……"

"呃,不要自作聪明好不好,难道你能想到夫子的回答?"

"不,我可没说。如果早知道答案,我绝不会跟他们一同去抗议啊。"

"噢?原来你也去过?那你为什么又说用不着讲?"

"老实说,大家听完夫子的话,一愣一愣的。"

"到底怎样?夫子答些什么?"

"如果你们多多了解夫子的日常生活与为人,是不难知道答案的。"

"喂,喂……还装啥犊子,不想说,就拉倒吧。"

"我哪里装啥了?其实,我看你们和我一样,都不够真正了解夫子,这下我心里平衡了。"

"别欺负人好不好?"

"别生气了,我告诉你们好了……不过,曾兄是不是不用我说,也能够揣摩出夫子的回答呢?"

大家都看着曾参,可是他笑而不答。曾参先看了看年长的子游一眼,然后扫视一下各位同门之后,低头不语。

"既然曾兄也不知道,我可说了啊。夫子的回答是这样的:'到如今，你们一个二个的，还以为我有些什么秘籍保留着不教你们吗？我没有一点不向你们这些人公开的，这就是我孔丘的为人。（二三子以我为隐乎？吾无隐乎尔。吾无行而不与二三子者，是丘也。）我所追求的大道是没有任何秘密的，我无时无刻不在生活中践行大道。你们希望接受我的教育，就得在我的日常言行中学习。只在嘴巴上空讲的，那不算是道。虽然我没有说那么多，有些东西没有正式在课堂上教给你们，但我并非隐瞒不教，而是要你们跟着我身体力行。没想到，你们竟然把我孔丘当作是保守的人！'——你们认为如何？是否也感到无言以对？"

大家都默然了，只有曾参仍在微笑着。

"后来怎样？"片刻的安静之后，一个弟子问。

"大家很难为情呗，都傻站着呗，一句话也不敢说。"

"夫子再没有说些什么吗？"

"嗯，有啊。他的声调非常沉重……我现在已经记得不太清了，他说的大意是这样的：言语本身是无力的，对于不肯自动求索探究真理大道的人，尽管你费尽千言万语教诲他们，也不能启发他，更不用说收到什么效果了。所以，你们对于真理大道的探究，心中求通而未得，起了强烈的意愿而发愤，不到这个时候我是不会启发大家的。你们都是企图在没有理解事物的道理前，就想用高深的术语来表述。不到你们探求事理而体会到了、口中欲言却未能找到适当的表达时，我不会用言语来阐发的。当然，我会在起初举出问题的一隅让你们去研究，你们应该靠自己用心去探究，反馈给我三隅的演绎。如果未到达心里殚精竭虑地思索而仍没弄通得解，就不去开导你们；未到心里有话很想说出来却又表达不清楚，就不去启发你们；看到问题的一个方面,却没有看到另外几个方面,我也不会更进一步教导你们哩。(不愤不启,不悱不发,举一隅不以三隅反,则不复也。)——夫子说的大概就是这个意思吧。"

"噢,这才是夫子的用意啊。"

"我真羡慕那些被夫子指责的人,跟那些根本不会被夫子提到的人相比,他们算是幸运的。"

"话不能这样说,还是要看为什么被指责。"

"那当然啦……顺便问一句,我们的抗议组合就这样回去了?"

"那还能怎样?"

"太没有面子了,如果我和你们在一起,那至少还要多问夫子几句。"

"嘿!你牛,让我们听听。"

大家伸出脖子等着回答,曾参也睁大了眼睛。

"我们知道,夫子的教育方式是注重实践。而且,对于某一些同学,夫子常常谆谆教诲,而对于另外一些同学却不怎么教导。夫子这样的区别对待,我们大致猜得出理由,因材施教嘛。只是有一点很怪,对大家关于同一个问题的发问,夫子他的解答往往因问话的对象不同而不同。对这一点,我可搞不懂是为嘛。"

"那还不容易理解吗,当然是发问的人资质高低有别呀。"

大家聊了一会儿,心情也没先前紧张了,讨论变得更加轻松。你看,曾参的脸上也恢复了笑容。

"夫子依资质的高低,解答的详细或简略稍有不同,这一点我懂。不过,我有时感觉夫子的解答有点自相矛盾。"

"是吗?举个例子?"

"有人问夫子：'领悟了某个道理后，是否马上就用实践去印证它？'当时夫子答道：'不可以，应该先和父母兄弟商量之后才可以去做。'但是别的场合，别人拿同样的问题向夫子请教，夫子却以肯定的口气说：'当然，你应该赶快去实践。'"

"谁呀？这个问话的是谁？"

"我也不大清楚，听说是师兄子路或者冉有。公西华曾经告诉我说，他要向夫子请教这个矛盾怎么解决。如果有机会，我也想问问夫子。"

"我想，这也是夫子根据子路和冉有的个性，分别作不同的教诲。"

"或许是这样。可是，按照个性教育门生弟子也该有个限度吧。夫子教育弟子，如果总是变动不同的，没有固定不变的道理与原则，那就会让我们完全不知何去何从。原来，我们跟夫子求学的目的，是在于探求永恒不变的大道真理。如果这个大道真理受了父母兄弟的意见而变动的话，那还算是不变的大道吗？我们可不是为了求取那样不可靠的东西而来的。我们需要的是超越任何时间、空间与人的因素，而任何人都能够适用的普遍的真理。"

"赞成！赞成！"几个弟子异口同声地叫了起来。

其中有一个弟子，首先把众人的神情气色观察一番，然后才说："这样看来，我们所学的，不过是零零碎碎的末道小技。"

"末道小技，未免说得过分了一点。"

"不过，我们所学到的有关道德上的法则，不是非常多吗？"

"法则，那还可以，不过都是零零碎碎的，好像是很杂乱又不连贯。"

"不管夫子教我们的是一些碎片化的或是没有系统的东西,他的确针对学生是个性化的,是因人而异的。"

"曾参,你咋一句话也不说,你怎么看?"

曾参一直认真地听着大家的话,虽然不吱声,脸上却露着很不安心的神情,因为心里暗自对同学们的浅薄感到痛心。当被问到自己的意见的时候,曾参很想说明自己的观点。但是,曾参又很担心,现在说了自己的意见,虽然表面上可以打消大家的疑虑,却并不能使他们口服心服,而且如果被孔子听见的话,还不知道会如何,也许反而破坏了孔子的教育方针。刚才也提过,孔子认为单单是言语上的理解是不能满足的,还要实践。并且,曾参自己也很想知道,善于击中问题要害的孔子,在这种情况下会怎么教诲大家?在不同的场合之下,孔子对于每个问题都能够用不同的方式解答,是什么理由?——这样想着,就委婉地答复:"夫子快要来了。这么重要的问题,让我们直接去请教他怎样?"

"当然也要问夫子。不过,你如果有什么高见,我们也希望听听。"

话里好像有些嘲讽的味儿。可是,曾参干脆地答道:"不,我没有什么明确的观点。"

大家仍旧在这个问题上叨唠不休,但始终没有一个人说中问题的核心。他们甚至肆无忌惮地说出些亵渎夫子的话。曾参听了直皱眉头,他认为这样太过分了。曾参忖度,实在迫不得已的时候,就向大家表明自己的见解,以便结束这个越来越不像话的讨论。

正在这时,孔子来了。

"好热闹呀!"孔子这样说着,经过恭恭敬敬地站立起来迎接他的弟子们面前,走到当中的席位坐下。

于是，最年长的子游代表全体弟子拱手作揖，同时把刚才讨论的问题小心翼翼地报告给孔子。

孔子的眼神像秋水般澄澈（chéng chè），仔细听着子游的报告。子游讲完回到座位之后，孔子的目光依次看过年轻弟子的每一张脸庞，最后回到曾参身上，语气稍带一丝严厉："曾参啊，吾道一以贯之。"

曾参恭恭敬敬地点头，很确信地回答："是的。"

这时，孔子忽然站了起来，留下那些由于惊诧而面面相觑的学生，独自稳步地离开了。

孔子的脚步声消失了，弟子们像中了魔似的，相对呆坐着，久久无声。这时，曾参沉思了一会儿，向大家点了点头，站起来也要走了。

大家看到曾参要走，好像才想到什么似的，把他叫住了。

曾参停住了脚，看着大家。

"刚才夫子说的究竟是什么意思啊？"有人问。

"只是说一以贯之，令人觉得莫名其妙。"另一人说。

"曾参，我看你回答夫子的时候很有自信嘛。你真的理解了？"又有人不服气地置疑。

大家围住曾参，迫切地等待着他的回答。

曾参环视了大家之后，静静地答道："夫子之道，忠恕而已矣！也就是，尽己之谓忠，推己及人谓之恕。"

大家仍然不明所以，懵懵（měng měng）懂懂的摸不着头脑。曾参申述道："你们刚才一直乱扯胡说，说是夫子的教育是末道小技、零碎杂乱的，或者对个人有偏差等冒失无礼的话。可是诸位仔细想想，你们一定会发现夫子所讲的这些都是一贯的圣道的具体的表现哩。夫子绝对不把圣道用抽象的方法教育我们。他时常借具体的、现实的事情教育我们、启发我们。因此,看起来仿佛是片段的、零碎的或者对不同的个人都有侧重。依我的经验看来,夫子的这些哪怕是只言片语的教诲,都没有不是根源于圣道的。最近,我越来越发现一个事实,并感到惊叹,这就是夫子真伟大啊!我越加思索分析,就越加深入理解,就越能清楚地认识到夫子的一切言行,是完全秉持(bǐng chí)和密契圣道的,是始终一贯而不渝的。小至日常起居的规矩礼貌等琐事,大至救国救民的大事,无不一贯通如,不差分毫。"

费了这么多口舌,大家才渐渐有所领悟,颔首称是。可是,曾参仍然很是不放心,就又强调说:"但是,老夫子的言行能够始终一贯,并非他的聪明使然。只凭着思维缜密(zhěn mì),是绝不能始终保持言行丝毫不渝的。从夫子看来,大道并不是理论,而是发自内心的愿望,是历经种种体验、艰苦备尝、千琢万磨所得来的一种生命的印证。没有它,夫子便一刻也不能感到生存的意义。当然,也不能体会到生活的乐趣。因此,圣道的一贯,是无须任何理论说明和意识造作的,是孕育于自然而然的日常言行中的浑然贯通。"

说到这里,曾参不觉自己也吃了一惊。原来,自己不知不觉地用了讲道的口气,教训同门师兄弟呢。曾参突然停止了讲话,脸色羞赧(xiū nǎn),趁大家愣神的工夫,赶紧溜走了。

剩下的弟子们茫然地望着曾参的背影,像是听明白了,又像是啥也不明白,不自然地僵立了一会儿,然后才纷纷解散了。

觚不觚

子曰:"觚(gū)不觚,觚哉?觚哉?"

——《雍也篇》

参考语译

孔子说:"觚不像个有棱有角的觚了,这也算是觚吗?这也算是觚吗?"

"夫子，买到了。"

一位弟子一边说着，一边来到孔子面前，打开盒子取出十几个觚，排列起来。

觚，是当时的酒器。孔子一个一个地拿起来，一直默默地仔细验视，也不说到底是好是坏，好像在想着什么事情。

这位弟子站在那儿等了许久，也没等到孔子说话，心中有点儿不自在。弟子正打算作揖退出时，孔子突然问："这，是觚？"

弟子惊讶地望着孔子，有点儿莫名其妙，心想孔子绝不会不认识觚的。

"酒觚，一定要有棱角。本来'觚'字就是'棱'的意思。"

听到孔子这么说，弟子感到很好笑。现在还死抠着名称，有啥用啊？像那种有棱有角的老式觚，恐怕现在找遍所有铺子也买不到啰。于是，他微笑着回答："夫子，现在能在市面上找到的酒觚，只有这一种。"

然而，孔子却不以为然，更加严肃地说道："嗯？如今酒觚的形状就是这种？不……这种不是觚，不是觚！"

弟子更加感觉不明所以了，于是小心翼翼地说："可是，现在家家户户都使用这种形状的酒觚。有棱角的酒觚，在市面上真的买不到了。"

"嗯？买不到吗？但是，这不是觚，这不是觚啊。"一听弟子确定的回答，孔子摇头叹息，有点儿痛心疾首，之后，就闭目深思起来。

那弟子对此更加糊涂了,踌躇(chóu chú)一阵后,手忙脚乱地开始收拾摆在孔子面前的酒觚。这时,孔子忽然温和地说:"好啦,别忙活了,先坐下。酒觚摆在这里就好。"

弟子坐下之后,孔子喁喁(yú yú)而语:"无论什么东西,都不要丧失其特质。如果名与实不相符合,名存实亡,就不能正名。任何事物一旦丧失了它的特质,就足以构成混乱正道、歪曲真理的原因。"

这时,弟子才理解孔子之前沉默和感叹的原因,不觉坐得更端正了些。

"从人类而言,人也有人的特质。要保持名与实相符,这才是人类最高的美德。尤其像中庸这种至高至善的美德,如果忘却了它,虽有'人'的虚名,却不能具有'人'的实质。"说到这里,孔子再一次仔细察看了摆在面前的酒觚。然后,感慨不已,"自从圣教一天天衰微,人们的行为不遵从圣教,好长时间都不见中庸这种美德了!"(中庸之为德也,其至矣乎!民鲜久矣。)

弟子恭敬地聆听着孔子的教诲,不时地点点头。

"唉,不知怎么地,我又发牢骚了……好吧!去休息吧,辛苦了。"孔子说罢,走到窗前。弟子也站了起来,可是他不知如何处理这些酒觚,磨蹭了一会儿,迟疑地问道:"夫子,要把酒觚退还到铺子里去吗?"

孔子突然笑了,回头看着这位弟子:"不,不!酒觚是酒器,只能盛酒,无论有没有棱角,也是没有关系的,把它们装回盒子里,放到那边去吧。"

弟子似乎第一次听懂了孔子的意思,也觉得有点儿无可奈何,摇摇头,小心地收拾好酒觚,然后躬身拜别孔子而去。

言　志

颜渊、季路侍。子曰:"盍(hé)各言尔志?"子路曰:"愿车马衣轻裘(qiú),与朋友共,敝之而无憾。"颜渊曰:"愿无伐善,无施劳。"子路曰:"愿闻子之志。"子曰:"老者安之,朋友信之,少者怀之。"

——《公冶长篇》

参考语译

颜渊、子路侍立在孔子身边。孔子说:"你们何不各自说说自己的志向?"子路说:"我愿意拿出自己的车马、衣服、皮袍,同我的朋友共同使用,用坏了也不抱怨。"颜渊说:"我愿意不夸耀自己的长处,不表白自己的功劳。"子路向孔子说:"愿听听夫子您的志向。"孔子说:"我的志向是让年老的得到安养,让朋友们都互相信任,让年轻的子弟们得到很好的关怀照顾。"

有一天傍晚，放学之后，弟子们大多散去了，孔子与颜渊、子路两人依旧在教室里随兴而谈。

在所有的弟子中，孔子最得意的是颜渊。因为，颜渊能够从孔子的片言半语的教诲中，寻绎（xún yì）其中深奥的意义，并不知疲倦地躬身力行。颜渊，可以说真的是闻一知十，天资聪慧。然而，孔子喜欢的并非他的才智聪明，而是他那颗虔诚恭敬的心。孔子常想："颜渊的心，如同人生的珍宝哩！"

子路也是孔子比较中意的学生。孔门弟子中，他是年龄最大的一个，虽然只比孔子小九岁，可是他的内心充满着活力和天真的情趣，似乎比其他弟子都要年轻。他那天真活泼的精神，常常使孔子感到欣悦。不过，孔子对子路的喜爱，却和颜渊完全不同。在孔子看来，颜渊能够体会人生的真理大道，而子路则不一定明了这些。

子路比较自负，也因有这种自负心作怪，他平时观察事物时，常犯见解草率粗浅的毛病。虽然，论起身体力行的勇气，在各位同门当中，子路绝对不输任何人；但因为理解发生了偏差，在实践中，很多时候，子路自认为行在正道，其实却一直是与真理正道南辕北辙、背道而驰；精力充沛且敢作敢为的实践热情，反而导致他的过失更多更大了。对于子路表现出来的勇气和毅力，孔子不但没有轻易地去打击他，反而是经常微笑着鼓励他。然而，孔子每一次的笑容都持续不了多久，很快就会变化为沉默。一直以来，对于子路，孔子内心常常抱有深深的忧虑。

尤其是今天，在黄昏阴暗的薄暮里，虽然有两位喜爱的弟子相陪，但孔子的忧虑愈发沉重了，只是和颜渊、子路这两位爱徒对坐时，不得不把这种担忧隐藏在心里。两位弟子恭敬地陪坐着，虽然从外表上来看，比起体弱多病的颜渊，子路显得格外的强壮魁伟，但是在孔子的眼里，子路似乎有点外强中干。孔子便想趁此机会，再引导引导子路，希望他有所反省，不再执拗不改。

事实上，想让子路反省，很难找到这种合适的机会。平时，在许多年轻的弟子面前，孔子开门见山地训诫子路，但这对于自认为学问进步、身为前辈的自负心很强的子路来说，绝对是忍无可忍的事情。有时，甚至孔子委婉地劝诫他，子路即使明知孔子的用意，也会故意装聋作哑，敷衍了事。可见，子路自负的个性，就是这么刚烈。

不过也有例外，那就是面对颜渊时，子路的自负心就不是那么强烈了，就会有所收敛。颜渊对待任何人都谦虚诚恳，尤其对年长的子路师兄，更是特别尊重。颜渊很尊重子路的意见，对于子路的意见总是能给出深刻而又圆满的解说，适当加以发挥提升而得出超过其原意的主张，并表示出由衷的倾慕与赞扬。这种状况下，就连自负的子路都觉得有些不好意思，但是，得到颜渊的尊重，子路心底自然是非常高兴的。因此，子路和颜渊平时的关系很亲密，所以在颜渊面前受到孔子的训诫，子路也不会觉得有多难堪。孔子对此心知肚明。

洞察到子路的这种心理，孔子不免感到有点儿悲哀。孔子明白，要教诲子路，最好是其他弟子不在场的时候，只是这样的机会实在不多。今天还好，时机还算合适，但考虑到毕竟还有颜渊在旁，孔子并没有直奔主题，没有一开口便教训子路，而是选择了迂回战术，不单独向子路说，而是对颜渊和子路一起发问："嗯，今天让你们各自讲讲自己的理想，如何？"

一听这话，子路目光炯炯，挺身上前，立马就要发言。孔子当然一眼看穿了他的用心，故意不看子路，而是将视线投向颜渊。

颜渊正在瞑目静思，好像正在自己的心底深处探求着什么。

子路感到很憋屈，夫子这是怎么啦，为什么不让自己说话？他有些不服气，终于按捺不住，喊了声："夫子！"

孔子的目光只好转向子路。

"夫子，如果我在仕途上官居要职，有车、马、衣、裘这些待遇享用，我希望和朋友们一起享受。即使朋友们把它用坏了，我也不会感觉到遗憾。"

孔子对子路在嘴上夸言超脱物质欲望的说法不以为然，这种理想实际上的前提只不过是子路自己的立身扬名，而且他在心理上已经把朋友当作比自己低贱的人。这令孔子感到非常不满。在失望的同时，孔子只好把希望寄托在颜渊身上，于是目光又转向颜渊，好像期待着他的回答。

颜渊一直闭目静静地听着子路的说话。这时，似乎感觉到老师逼问的眼神，他再一次瞑目静思了一会儿之后，如同平常一样，恭恭敬敬地说："不夸大自己的本领，不张扬自己的功劳；对于自己应该做的事，唯有一颗诚心去做。"

听完颜渊的回答，孔子轻轻点着头；然后，再把目光转向子路，观察他的反应。

子路觉得颜渊说的见解很深。于是，他也感觉到和颜渊相比，自己刚才所发表的想法不知如何的就显得浅薄幼稚。慢慢地，他感到有点儿惭愧不安。但是，那可怜的自负心，又萌生了，又抬起头来了。因为担心受到嘲讽，子路偷偷地瞄了颜渊一眼。然而颜渊一如平常，端坐在那里，丝毫没有嘲笑他的样子。子路这才安下心来。

不过，这种安心并没有持续多久，子路的不安又开始了，他担心的是孔子的批评。子路忐忑地等待着孔子的批评，准备接受教训的洗礼，然而，孔子只是拿眼看着他，半天也不说一句话。

这样的沉默持续了不短的时间，对于子路而言，简直就是煎熬。他低垂着眼睛，不敢抬头看着孔子，目光只触及孔子的膝盖以下，可是，他偏偏感觉到，孔子的眼睛仍旧在注视着自己的额头。不知不觉中，子路有些慌神了。而且，连颜渊也保持着沉默，端坐在那儿，一动也不动。可怕的沉默更加刺激着子路。他对颜渊一直很尊重，而现在却感到非常讨厌。这个颜渊，说句话会死人啊！不等了，子路终于受不了了，涨红着脸，诘问孔子似的说："夫子，请您也把理想说给我们听听。"

孔子看到子路对平时尊重的颜渊，这时也舍弃不了浅薄的自负心，内心不禁黯然（àn rán）了。孔子用那包含深深怜悯的眼光看了一下子路，答道："我嘛，希望让年老的人都能得到奉养而安乐地过日子，朋友之间都能够以真诚信任相处，年少的人都能得到适当的教养而感怀恩德。天下的人都能够各得其所，这就是我的愿望。"

听完孔子的愿望，子路觉得相当意外。在他看来，孔子的理想表述得简单又平凡，与自己所说的志愿相比，也不见得有啥高明的。因此，子路愣了半天，又恢复了自信，刚才的慌张和畏惧的心理，转瞬间完全消失了。

相反，向来冷静的颜渊，脸上却渐渐透出羞愧的红潮。至今，有好几次了，颜渊自认为能够追上孔子的境界时，却转瞬间就觉得扑了个空，始终难以捉摸到孔子的思想境界。此时，颜渊又尝到这种感觉。他发现自己依然受到自我意识的限制拘束，不能到达无我的境地。夫子只为老人、友人、幼者而担忧，而不考虑自己，这才是无我的意境。以他人为规准而规制自己，这才是最高的意境。自己虽然不夸耀长处、不夸耀功劳，但这种想法仍有"我"在其中，是以自我为中心勉强推想出来的。我们的世界到处都有老人、朋友和幼者，人生处在这种现实环境中，做自己应当做的事情就好了。只要到达"无我"之境，哪里会有"伐善"和"施劳"——想到这里，颜渊不禁低下了头。

孔子知道，颜渊领会了他的话，不然不会如此感动。看到这种情形，孔子觉得非常高兴。可是，自己一心一意想要启导的子路，却仍沉迷于浅薄的"自我"中，一点儿也没有领会教诲，这让孔子的心更加忧虑了。那天晚上，孔子睡得比较晚，一直到上床躺下，他都在想着有什么好办法可以启发子路。

行藏之辩

子使漆雕开仕。对曰:"吾斯之未能信。"子说。

——《公冶长篇》

季氏使闵子骞为费宰。闵子骞曰:"善为我辞焉!如有复我者,则吾必在汶上矣。"

——《雍也篇》

子贡曰:"有美玉于斯,韫椟(yùn dú)而藏诸?求善贾(gǔ)而沽诸?"子曰:"沽之哉!沽之哉!我待贾者也!"

——《子罕篇》

子谓颜渊曰:"用之则行,舍之则藏。唯我与尔有是夫!"子路曰:"子行三军,则谁与?"子曰:"暴虎冯(píng)河,死而无悔者，吾不与也。必也临事而惧，好谋而成者也！"

——《述而篇》

子曰："道不行，乘桴（fú）浮于海，从我者，其由与！"子路闻之喜。子曰："由也，好勇过我，无所取材。"

——《公冶长篇》

参考语译

　　孔子让漆雕开去做官。漆雕开回答说："我对做官这件事还没有信心。"孔子听了很高兴。

　　季氏派人请闵子骞去做费邑的长官，闵子骞对来请他的人说："请你好好替我推辞吧！如果再来召我，那我一定跑到汶水那边去了。"

　　子贡说："这里有一块美玉，是把它收藏在盒子里呢？还是找一个识货的商人卖掉呢？"孔子说："卖掉吧，卖掉吧！我正在等着识货的人呢。"

　　孔子对颜渊说："用我呢，我就去干；不用我，我就隐藏起来。只有我和你才能做到这样吧！"子路问孔子说："夫子您如果统帅三军，那么您和谁在一起共事呢？"孔子说：

"赤手空拳和老虎搏斗，徒步涉水过河，死了都不会后悔的人，我是不会和他在一起共事的。我要找的，一定要是遇事小心谨慎，善于谋划而能完成任务的人。"

孔子说："如果我的主张行不通，我就乘上竹木筏子到海外去，能跟从我的大概只有仲由吧！"子路听到这话很高兴。孔子说："仲由啊，好勇争胜超过了我，其他没有什么可取的才能。"

这一天，孔子和弟子们的话题偶然扯到仕途上面，大家讨论得很是热闹。在座的除了颜渊、子路、子贡与闵子骞等高材生之外，还有最近从蔡国来的漆雕开。

孔子默默地倾听弟子们的议论，过了一会儿，忽然想起了什么似的问漆雕开："对呀，上一次说的那件事怎样？你仔细考虑过没有？"

"想过，我想了很久，可是，可是——"漆雕开微微羞红着脸，望着大家道，"我还没有做官的自信。自己没有具备足够的能力之前，就要去管理他人，我感到有点儿害怕。我实在不敢违背夫子，可是这一次，夫子还是请另外找些适当的人推举他做官好吗？"

孔子听了很是高兴，满意地点了点头。这时子路像怜悯漆雕开似的，插嘴说："老是这样客气的话，将会永远失去表现自己能力的机会啊！万事还是做了再说，在实际经验方面全力奋斗，自然会在不知不觉之中有了信心的。"

"不见得都是这样……"这时，子贡说话了，"还是需要一定程度的自信，否则，说不定一开头就要失败。刚开始做官，就失去了老百姓的信任，是比啥事都要危险啊！"

"可是漆雕开同学不会那样幼稚吧？像我这样的蠢货，这大把年纪了，也还常常接受他的启示哩。"

子贡认为子路的话中有刺，于是脸上肌肉一紧，偏过头说："我是对一般的人、一般情形而说的，我的本意并非在说漆雕开的为人如何如何啊!"

"不管说的是一般还是二般,在这个时候,最好不要说得让人家起了畏惧的心理为妙……夫子,您以为如何?如果具有漆雕开一般的能力,我想能够把这个差事干得很好的。"

"那当然不会有问题,不过,我要说的并不是这一点。"

孔子把子路和子贡各瞧了一眼,然后说,"漆雕开具有审慎思省和谦逊稳重的美德,有高远的志气。我想借这个机会,让他更进一步发扬光大这些优点。一旦到达这种高尚境界,是否走上仕途,就不再是问题。目前社会上的人,总是急着想做官。很年轻就做官,并不见得有什么好。多年求学,目的不在求当官得俸禄,这样的人是很难得了。(三年学,不至于谷,不易得也!)"

漆雕开似乎被这些话所感动,脸上露出有些得意的神色,眼里闪动着高兴的光彩,可是当他的眼光与孔子的视线接触时,就马上移开,垂头凝视着自己的膝盖。

"还有——"这时,孔子望着闵子骞问了,"闵子骞,季氏最近好像向你说了些什么吧?"

"是的,前几天突然派人来了,问我是否愿意当费邑宰。"

"嗯,那么你认为呢?"

"我坚决推辞了。因为,季氏近来专横无比,好像要把整个鲁国据为己有似的,而且那费邑原本就是季氏的食邑……"

"对啊!最近季氏横行霸道,根本不能以言语形容。他身为公侯的家臣,竟敢公然在自己的家庙里,举行天子才可以采用的八佾之舞。我听说他竟敢做这种僭越(jiàn yuè)身份的事情,如果这都可以容忍宽恕的话,那么天下再没有什么不能容忍的事了。(八佾舞于庭，是可忍也，孰不可忍也。）怪不得你要坚决推辞呢。你做得没错，拒绝才对啊！可是，要拒绝一定相当费力的吧，你到底是怎样拒绝他的呢？"

"我也没有给那使者细说我的理由。然而他却硬是要我应允，我被逼无奈，只好说：'我可以坦白告诉你，如果你下次还为了这事儿来劝我，我就将逃到蔡国去，在汶水河那边过着隐遁的生活。'说实话，我当时都有点儿声色俱厉了。"

平时沉默寡言、以温厚笃实而闻名的闵子骞说这些话时，显得态度很斩钉截铁地利索和坚定。这甚至让孔子也觉得有些意外而吃惊。最高兴的是子路了："痛快！痛快极了！我万万想不到子骞敢说这种话呢。"

这时孔子好像在责备似的说："当然，只有闵子骞才有资格这么说的。"

子路觉得有点儿迷糊。孔子接着说："君子的刚强，不是在他的腕力与雄辩。遭遇到困苦逼迫的时候，还能够丝毫无所动摇地固守正义，这才是君子的刚强。闵子骞就是有这样的勇气。我也说过：'君子喻于义，小人喻于利。'如果以利害得失作为衡量事物的标准，就不会产生真正的刚强。这一类的人，也不能说出像闵子骞那么坚决的话了。"

孔子说罢，大家静了片刻。子路和闵子骞都好像不好意思似的低头不语，虽然他们俩人的心思各有不同。

过了一会儿，子贡突然问："当然，漆雕开和闵子骞的这种作为是无可异议的。不过，例如说这儿有一块天下唯一的美玉，那么，夫子打算要永远把它收藏在匣子里，还是等待识货的顾客，等待有人给高价而后出售呢?"

孔子立刻觉察到子贡的意图,即用巧妙的比喻来打探自己是否有做官的意思。于是,孔子笑着说:"我要卖了它啊,当然要卖了它啊!不过,不会轻易将它出售的。要是普通的人,我是不会卖给他的。要等到真正识货的人。还是暂时等等看,哈哈哈……"

大家也跟着大声地笑了。可是孔子立刻又恢复了严肃的面容,朝一直坐着、一言也不发的颜渊说:"君子的原则是,有人能任用我,我就把治国平天下的大道正正当当地推行于世;不能任用我时,就将这些治国平天下的大道,藏于自身,努力修养,静待时机。在这两方面都有自信的人,目前只有我与你颜渊能做到这样吧!(用之则行,舍之则藏。惟我与尔有是夫!)"

颜渊听罢,深感惶恐不安,还没开口说什么,子路就迫不及待地说:"夫子,如果您统率三军去攻打敌国,到底要带谁一同去干仗呢?(子行三军,则谁与?)"

子路心中有些不满孔子对颜渊的评价,因为孔子说来说去,却没有半句话夸奖子路,所以用这个问题提醒孔子,并企望得到一个满意的答复。子路一说完,努力让自己的心神安定下来,装作不在乎孔子的赞赏似的。

然而,孔子根本不介意子路渴望的心情,显得很随意地微笑着说:"世上也有赤手空拳与老虎搏斗,或不用竹筏即涉水过大河,虽死而毫无所惧的勇士,但是我生来就怕和这样的人一同去做事情。所以呢,我万一要去打仗的话,我希望跟随我的,是做事精细、有智慧,能在周详的计划之下,抱有信心确定能完成任务的人。"

子路像是一脚踏空摔了个跟头似的,心下大失所望。颜渊和闵子骞仍然低着头,看着眼前的地板。子贡那双敏锐的眼睛,在孔子和子路之间来回扫视了好几次。漆雕开局促不安地紧捏着放在膝盖上的双手。

最后,还是孔子悠然地说话,把这个僵局打开了:"可是啊,我这一辈子恐怕再也不会有指挥三军的那一天了。我还不如索性坐上竹木筏子,去在大海浮游呢。不然,在这个不能实现我的理想的社会里,拧拧巴巴糊里糊涂地混日子又有什么意思呢?"

大家极其诧异地望着孔子的脸色,孔子平平静静,接着说:"对了,坐上竹木筏在海上漂浮的时候,会跟从我的就是子路了。"

子路的眼睛立刻散发出喜悦的光芒,他立刻挺起胸膛,等着孔子继续说话。

"子路啊,你觉得怎么样?我们俩飘飘然在大海上浮游,该是多么快乐好玩啊!有了你这样勇敢的人来跟着我,我会觉得很安全的!"

孔子说这话时,眼睛一直正视着子路。子路好不容易才控制住了因过分感动而兴奋得颤抖的身体。

然后,孔子接着说:"可是,子路啊,要坐上竹木筏,首先应该弄个安全可靠的竹木筏才行吧。不然的话,还在海上漂浮个啥呀,一切都是无用的痴心妄想罢了。虽然,你在勇气方面的确胜过我,但是怎么样?你能够准备好坚固耐用的竹木筏吗?"

子路这下体会到了孔子的教诲的意义,羞愧得垂头无言了。

"好了,我们不再扯这些了。我不是真的就要坐上竹木筏去海上漂浮的了……子贡啊,你也安心吧。可是,如果有好的主公,我一定会出售我这一身的本事的。这是我由衷的话哟,哈哈哈!"

这次,轮到子贡满脸羞红了。虽然颜渊、闵子骞和漆雕开的脸上也露出了微微的笑容,可是转瞬间又消失了。

大家都屏气息声,保持着严肃的沉默,各自默想着。不久,孔子离开了座位走了。

第七辑 孔子私家像

异　　闻

陈亢问于伯鱼曰："子亦有异闻乎？"对曰："未也。尝独立，鲤趋而过庭，曰：'学《诗》乎？'对曰：'未也。''不学诗，无以言！'鲤退而学《诗》。他日，又独立。鲤趋而过庭，曰：'学礼乎？'对曰：'未也。''不学礼，无以立！'鲤退而学礼，闻斯二者。"陈亢退而喜曰："问一得三：闻《诗》，闻礼，又闻君子之远其子也。"

——《季氏篇》

参考语译

陈亢问孔伯鱼说："你在你父亲那里听到过什么特殊的教诲吗？"伯鱼回答说："没有哇。一次，他一个人在堂上站着，我从他面前小步走过的时候，他问我：'学诗了吗？'我回答：'没有。'他说：'不学诗，就没有办法在正式场合说话。'我就回去学《诗经》。又有一天，他又一个人站在院子里，我再次从他的身边经过，他问：'学礼了吗？'我回答：'没有。'他说：'不学礼，就无法立身处世。'我就回去学礼。我听父亲的教诲,只有这两件事。"陈亢从孔鲤那里回来,非常高兴地说:"我只问了一个问题,明白了三个道理:一是要好好学《诗经》,二是要好好学礼,三是听到君子和自己儿子保持适当的距离。"

陈亢，字子禽。为了能在孔子门下求学，他从遥远的陈国来到鲁国。可是孔门弟子太多，像陈亢这样年轻的新生，要单独直接得到孔子的教导，那可能性是太小了。因此，陈亢不得不经常向孔门杰出的弟子、师兄子贡请教。他在向子贡求教的过程中，非常用心，希望尽可能间接地从师兄子贡处学得孔子的教诲。

子贡口才很好，经常会有一些机智的金句妙语，这让陈亢很佩服。有一天，陈亢向子贡说："您事奉夫子真是恭敬啊！不过依我看来，您是因为谦虚才拜他为师的吧，我总觉得您比夫子还要贤能呢。"

这当然是恭维的话，但也未必不是陈亢的真心话。陈亢这番话也是想引出子贡更多的对孔子的评论，借机了解孔子，毕竟子贡是跟随孔子很久的弟子之一。陈亢有几次当面聆听过孔子的教诲，还记得孔子说过的这些话：

"我不是生来就懂得一切的，我不过是爱好先王之道，努力读书孜孜不倦地学习罢了。（我非生而知之者，好古敏以求之者也。）"

"我担忧的是，自己不能专心修养德行，研究学问不能精益求精，听到正义不能遵从，有了过失不能悔改。（德之不修，学之不讲，闻义不能徙，不善不能改，是吾忧也。）"

"把所见所闻默默记住，默默悟想道理，努力学习而不感到厌烦和骄傲自满，教育弟子而不感到疲倦想偷懒，这三件事，我好像没有一件做得好啊！（默而识之，学而不厌，诲人不倦，何有于我哉！）"

陈亢听到孔子当面的言论不多,而每次听到的教导,都是很平常的话,没有多高深的道理。陈亢心里拿孔子和子贡进行比较,觉得他们明显不同,子贡口才真好,说的话明快而生动,让人心潮澎湃(péng pài),让陈亢仰慕不已。

面对陈亢的这种高度赞美,子贡有点意外和惊讶,但没有表现出任何高兴,而是想了想,郑重地说:"君子的言行,不可不谨慎。只要你说一句话,别人就能辨别你是贤人或傻子。我们夫子是高明得不可企及的,就好像天是不能通过阶梯登上去一样。我们夫子如果能获得治理国家的权位,会使道义充满世间,那就像人们所说的:'要独立自主,百姓就会跟着独立自主;教化引导百姓,百姓就会跟随着走;安抚民心,百姓就会来归附;发动百姓,百姓就会团结起来。这种人活着有尊荣,人民讴歌他的德政;若去世了,百姓会像父母过世一样深感悲痛。'我哪里有这种能力啊!我怎么能赶得上夫子呢?(夫子之不可及也,犹天之不可阶而升也。夫子之得邦家者,所谓:'立之斯立,道之斯行,绥之斯来,动之斯和。其生也荣,其死也哀。'如之何其可及也?)"

陈亢听子贡说了这么多,还是不明白孔子到底是什么样的人。于是又发问了:"夫子每到一个诸侯国,一定要了解这一国的政事情况。那究竟是夫子自己请求国君告诉他的呢?还是国君主动告诉他的呢?(夫子至于是邦也,必闻其政,求之与?抑与之与?)"

陈亢提出这种质疑,其实也是不少人的困惑,甚至包括像他一样的某些孔门弟子,他们以为孔子很是热衷于功名利禄,只不过孔子的野心太大了,那些诸侯国很难满足他的欲望,所以他无法在某个国家长期供职任事,不得不周游列国,在各诸侯国间漂来泊去。

子贡回答说:"因为夫子具有温和、善良、恭敬、俭约、谦让五种美德。各诸侯国国君一见夫子,便会主动地把他们国家的政事拿来向夫子请教。所以,夫子绝对和那些谄媚诸侯、企图谋得一官半职的说客是不同的!(夫子温、良、恭、俭、让以得之。夫子之求之也,其诸异乎人之求之与!)夫子向诸侯宣扬的是要讲求仁德,用先王之道治国,好好对待百姓。在那些不以德为政的诸侯国国君那里,夫子当然不会为他服务,也不会久留了。"

听了这番话,陈亢仿佛明白了一些。从此以后,陈亢不断地请教子贡来自孔子的言行教诲,子贡在讲述时也不厌其烦地解说。在子贡的帮助下,陈亢逐渐了解了孔子的为人,同时,也越来越觉得很少有机会直接受到孔子的教导真是太遗憾了。

但机遇总是会有的。在陈亢与孔子近距离接触的机会到来之前,再说说陈亢这个人吧。从陈亢向子贡打听有关孔子的问题,可以得知此人生性多疑,这个毛病虽然不是非常严重,但他总喜欢妄自揣测猜度事情的状态,实在可笑。这不,他又多心了,在那里琢磨又捉摸呢!

"大概因为我是新来的,或者不是鲁国人吧,所以夫子不怎么关注我。按道理来说,夫子应该对我这种从外国远道而来这里求学的人更加关照才是啊!然而实际不是这样的,你看,夫子宠爱的弟子像什么颜渊呀、子路呀、闵子骞呀与冉伯牛呀,他们个个都是鲁国人好吗?而我最钦佩的子贡,听说就不如颜渊和子路受喜欢,估计可能因为他是卫国人,与夫子不是同乡的缘故吧?"

当然,这只是陈亢私下以为,不敢那么肯定,但他又觉得,对子贡不是最受重视的弟子的看法似乎没走眼。就这样,陈亢心里时常被这些臆想出来的杂七杂八的事儿萦绕着、纠缠着。忽然有一天，他想到了孔鲤，也就是孔伯鱼。

"伯鱼是夫子的独生子，夫子似乎把他跟别的弟子一样教育，并无什么特别对待。但真的是这样吗？恐怕是表面如此吧？或许夫子在背着其他人的时候，一定把自己的绝学私密地传授给儿子哩。难道夫子不想自己的儿子超过别的弟子吗？"

想起这一点，陈亢又觉得这是人之常情，心里倒也没有太多不痛快；但他又觉得，要真是那样的话，夫子的做法还是让人很失望的。陈亢又翻来覆去想啊想啊，打定主意，自己平时应该找机会多和伯鱼亲近亲近，说不定可以从伯鱼那里获得孔子从来不肯教给弟子的绝学秘诀。

陈亢好像发现了什么似的，得意地会心一笑。从此，陈亢每次一见到伯鱼，就主动过去同他说话。当然，为了不让别的弟子听到他们的谈话，陈亢尽量地选择其他人不会注意的场合。

但是，陈亢的这番苦心好像没什么效果。因为伯鱼天生少言寡语，有好几次，陈亢同他搭讪（dā shàn）说话时，期待从他那里听到些有用的言论，难得开一次口的伯鱼，为了不让场面难堪，会勉强说几句应景的话，但无论陈亢怎么旁敲侧击，就是没有透露什么特别高超的东西。陈亢一直特别期待打听到孔子对伯鱼的特殊教导，却始终一点儿都没有刺探到。

"看来，还是师兄子贡比较开明，比夫子伟大。"陈亢时常会从心底涌起这种念头。同时，他又心有不甘，经常回味伯鱼说过的话。

"也许，伯鱼并不是呆子，他知道我的用意，可能把夫子特别教导的都隐藏起来了。"这么一想，陈亢的心又沉了下去。

终于有一天，陈亢实在按捺不住了，趁着和伯鱼肩并肩地走着时，开门见山地提问："您是夫子的儿子，时常在夫子身边，我想您一定听过不少别的弟子所不能听到的最管用的大道吧？可以说一些给我这个刚入学的师弟听听吗？"

"客气，客气！其实我并没有学到什么特别的。"说着，伯鱼想了一会儿，又说，"不过勉强地说吧，曾经有过两件事令我印象特别深刻。有一天，父亲独自在厅堂的时候，我匆匆忙忙地从院子中走过，被他发现了。他问我：'你读了《诗经》没有？'我说没有。他马上责备我说道：'没有读过《诗经》的人，怎么好和人交谈应酬啊！'我开始读《诗经》，也就是从这事后开始的。"

"是吗？"陈亢有点儿怀疑。

"再过了几天，父亲像上一次一样独自在厅堂。我路过那里，又凑巧被看见了。这一次他问：'你学了礼没有？'我只好回答说：'还没有。'他又教训我说：'不学礼，不能在社会上和人交往啊！'所以，我就专心去学礼了。"

"是吗？"陈亢的内心有点儿动摇了。

"如果说父亲特别教了我什么的话，大概只有这两件事情了。此外，和各位师兄弟接受的教育，是一样的啊，一点儿也没有什么不同。你也知道的……"

"是这样啊！"陈亢听到伯鱼的回答后看起来很满意，但又像是很失望，因为跟他之前设想的完全不一样。除了机械地回答着"是，是……"之外，陈亢似乎也有点儿不好意思。非常凑巧的是，他们正说着话的时候，陈亢的视线不经意地扫了一下周围，竟看见孔子挂着手杖在向这边走过来。孔子大概是刚读完了书，来到院子里散步。两人急忙走向孔子，停下来恭敬地施礼问安。

孔子微笑着说："你们俩没跟其他人在一起，到这里一起散步说话，关系不错嘛。"

孔子认为他俩关系亲密，让陈亢很高兴，心里产生了莫名的期待，正想答话。可是，孔子只是默默地看着伯鱼，似乎是想听他说话。伯鱼说："最近我们经常在一起说说话什么的，子禽兄常常教我很多事哩，我可高兴了。"

"嗯，那样很好。年轻时代，朋友之间互相勉励是很重要的，对你们的成长很有帮助。你们不反对的话，今天我也来参与你们的交谈吧。"说着，孔子往前走去，两人紧跟在后面。

"啊，多么幸运的一天！"陈亢没想到这么容易就得到和孔子近距离接触的机会，心里兴奋得很。

"那么……"孔子边走边说，"亲密的友谊是很好的事情啊，但是不要有所偏重哦。君子是公平无私的，四海之内皆兄弟哩。那些小人却正好相反，全凭着自身的好恶和当下的功利来决定友谊，因而交朋结友难免在某些方面偏重。当然单纯有偏重也不算什么，但可悲可伤的是，凭个人好恶与功利心的偏重，是根本不能够建立真挚的友谊的。真诚的朋友之间，应该始终以真理大道为中心，而不是以利益相关为重。"

兴奋的陈亢一听这话，就觉得孔子似有所指，像被浇了一桶冰水，心都凉了，有点畏缩了："夫子难道是在说我吗？"

"哦，对了……"孔子回头看着两人说，"别担心，我不是说你们之间是小人之交。我只是谈谈我的一些感触而已。"

这话让陈亢恢复了镇定，只是心中涌起的不安依然还在，他觉得自己有点像孔子说的那样。

"哎，对不起哟，今天因为我来了，打断了你们的话题。你们在讨论些什么？"

这一问，让陈亢的内心又不安甚至发凉了，他担心被孔子发现自己的意图。陈亢提心吊胆地听伯鱼把刚才所谈的话老老实实地告诉给孔子，同时十分紧张地偷偷地观察着孔子的背影。孔子默默地边走边听伯鱼说话。

令陈亢没有想到的是，听完伯鱼所说，孔子很兴奋地问："是吗？我也教过你这种事吗？不错，君子之学，最重要的是诗与礼。诗能够激荡人的心弦，调养人的情绪，开拓人生的视野，培养对人生和自然的热爱，养成与人、与自然和谐相处的习惯。诗也能够教我们如何用最美的语言表现情感，诗还包括鸟兽草木等天地自然的一切知识。至于礼，礼是协调人类心灵的最佳指引，表现了人类最和谐的心灵，其根本在于互敬互让。敬了又敬，让了又让，方能达到人心的协调和平。把这种敬让的心表现出来，就是礼。所以，如果有了礼让之心，治理一个国家，也是不会感到有多大困难的。如果没有用礼的制度来治理国家，或者礼本身变成没有内涵而是在空洞的外表上的做作而已，那么，不但国家治理不好，且人自身的和谐也成了问题。诗和礼，绝对不只是语言和形式而已，它们所包含的道理是很丰富的，不要忘记这一点。你们啊，要好好在这方面努力用功哩。"

陈亢和伯鱼都入神地听着孔子的话，以至于因紧跟着孔子，几乎要踩到孔子的脚跟。孔子讲完之后，他们都静默地沉浸在思考中。

"对了……"孔子忽然停下脚步，回头看着这两个正入神的家伙说，"我已讲了不少了。你们只是听，只是想听，并不能求得真正的学问。与其想寻找一些高深的道理，还不如靠自己的行动来检验，再加上好好地寻思。只有思考并不能带来结果，最要紧的是身体力行。要竭尽心力，严格自律，时时告诫自己应怎样做。如果你们不是这样认真求学的人，我就不知该如何说你们了。只想着打听别人的言论，这种人除了让人感觉轻率之外，其他方面并不会有什么效果的。这个方面看，子路是非常值得称赞的。当他听到一些道理，如果还没有实践，他就不会再去听别的道理，免得分心，而使他不能彻底实践上一次听到的道理，去贯彻落实于生活实际中的事情上。真正希望探求真理的人，我想应该具备像他这样认真的精神。"

陈亢庆幸于自己能亲聆孔子的教诲，正有点得意忘形时，孔子的这些训导，到底还是发现并委婉地揭露了他内心的阴暗处，让他突然像被在大庭广众下脱光了衣服而暴露出不健全的身体。陈亢愣愣地望着正在转头回去的孔子，失神地站在原地，连伯鱼的告辞也没有听见。

"夫子这个人真是厉害啊！"

当天，陈亢回到宿舍后，还不断地回想着孔子的教导，心神不宁地喃喃自语着。现在，他再也不敢不信任孔子，或者向伯鱼打听什么来满足自己的疑心了。

"虽然，我因为不纯正的动机向伯鱼打探，但我由此而能够从一句话中得到了举一反三的效果，这就是最大的收益。从这次交谈中，我悟到了三件事：第一是要好好学《诗经》，好好说话；第二是好好学礼，以立身处世；第三是夫子没有私心，对于其他弟子和儿子的教育都是一视同仁的。"

过了一天，陈亢把这些事情都告诉了子贡，又补充说："由于您的指导，我逐渐了解了夫子人格的伟大。"

这时候，子贡说："那很值得庆幸啊。不过，要真正了解夫子，可不是件容易的事呢。例如关于《诗》《书》《礼》《乐》这方面的问题，还可以常常听到夫子的讲解，并且也不太难。但是，夫子学说最深奥的、本质上的问题，例如有关于'性'或者'天道'等，这些与人生、宇宙有关联的问题，夫子平时很少讲述。尽管他会和我们说一些这样的问题，但我们听了也难以懂得其中的奥妙。可以这么说吧，夫子的学问之深远，那真是无边无际的。"

子在川上

子在川上曰:"逝者如斯夫,不舍昼夜。"

——《子罕篇》

参考语译

孔子在河边说:"消逝的时光就像这河水一样啊,不分昼夜地向前流去。"

一片寂静无边的旷野，夕阳慢慢地没入草原的边缘。天边金红的夕照，深深地映入一湾静静的流水，缓缓叠入远处的晚霞里。

今天，孔子只带了一个小童子，孤零零地站在一望无边的河岸。苍茫的暮色中，他的身影显得孤独而又庄严。

七十多年来，不断地探求真理、切磋琢磨的人生旅程，如今回想起来，竟是如此孤寂又漫长。然而，在这长期漂泊的旅程、风雨飘摇的世间里，孔子始终没有遇到能够采纳其政见的明君。五十岁时，同甘共苦的夫人也离别人世了；仅有的儿子伯鱼，也在孔子六十九岁时去世了；尤其令孔子伤心的是颜渊也夭折了！孔子在三千弟子中对颜渊是抱有绝大希望的，认为他是唯一能传承其道德学问的。得知颜渊去世的噩耗（è hào），已经经受了夫人、儿子之死的孔子，几乎完全绝望了。

"哎呀！老天要弄死我呀，老天要弄死我呀！（噫！天丧予！天丧予！）"

孔子站在颜渊的灵柩前，伤心欲绝地对着苍天哀声呼喊，后来终于忍不住满腔的悲恸（bēi tòng），撕心裂肺地号啕（háo táo）大哭。看到孔子这迥异于寻常的情况，跟随的弟子们惊惶不已。回去的路上，他们问孔子："夫子今天第一次放声痛哭，怎么会这样呢？"

孔子强抑住心中的悲恸，回答说："是吗？我哭得那么厉害吗？但我不为颜渊哭，还为谁哭呢？"众弟子于是都默然无语了。

颜渊已入葬了，日子在一天一天过去，但是孔子痛失爱徒的创伤一直难以平复。虽然孔子平时不再轻易痛哭流涕，但是内心里依然是凄凉的，充满了永恒的孤独，沉默已变成他最好的伴侣。每到黄昏，孔子会来到河畔，在那里徘徊沉思，让渐渐暗淡的夕阳和不停流逝的河水带走他那绵绵无尽的思绪。

今天，孔子像往常一样，站在黄昏的河畔，再次沉浸入悠悠的遐思里。

"我的时日也不多了。回顾这一生啊，自信没有虚度光阴。就是现在，我还是丝毫没有松懈。我一直在不断地提高自己的修养，努力探求古圣先贤的大道，并且将体会到的大道，尽最大的努力推广于天下诸侯和三千弟子之间。我精心地编纂整理伟大的优秀传统文化经典，精简《诗》《书》，校正《礼》《乐》，修订《春秋》，昌明《易经》，这些留给后代的文献也快要最后编辑完成了。但是现在我可以无忧无虑无牵无挂地离开这个世界吗？自从颜渊去世后，能真正以身行道、遵奉仁德的人在哪里呢？有谁能继承我去发扬仁道？仁道并不是空言，真理也不是念头。我期待于后世的，并不是高谈阔论，而是笃实（dǔ shí）力行！如果我死后，没有留下传人，那么我这一辈子做这些有什么用呢？不！我还不可以死啊。我绝对不能死，我要找到一个可以传承的人。"

可是，放眼一望，大河流水滚滚而鸣，滔滔东去再不复还；远处的原野深处，深红的太阳正慢慢一点一点地往下沉落。这情景让孔子感觉生命似乎在终结，死亡的日子在逼近！

"颜渊啊！颜渊！"

孔子那如石像矗立（chù lì）似的身体里，突然爆发出一串寂寞的呐喊，紧随着呐喊的，是孔子忍不住的低沉的哽咽。这一瞬间，那永恒的孤独好像快要把他推入无限的虚无之中。但在这激荡的感情与意志冲突的危急关头，孔子的步伐依然坚定，信念丝毫没有被动摇。七十年的艰苦修养所铸就的超人的意志，已使他的内心如广阔深沉的湖海，盛放得下任何的悲伤情绪。

"天行健，君子以自强不息！"孔子轻轻地诵出了自己为阐发《易经》大义所写的这句话。

孔子凝视着滚滚东去的江流尽头，这时又缓缓转回头，用目光追溯那河川的上游。他想着，不禁感慨："生生不息，生命的源头无尽无穷，但有生有死，个体生命之流终究要结束。颜渊去了，我不久也将要向这个世界告别了。不过，上天的意志是没有终止的，古圣先贤的大道也永远不会消亡！"

夕阳的余晖隐没在了原野的一片暮霭（mù ǎi）之中，河畔的暮色越来越深。而在孔子的心里，新生的朝阳已然照射出闪耀的光辉。孔子轻声地自语，又似乎是在与苍茫的大地告别：

"唉！水流啊水流，不分昼夜地滔滔滚滚。上天的意志也像这流水一样，永远地流动不息啊！"

泰山其颓

子曰:"吾十有五而志于学,三十而立,四十而不惑,五十而知天命,六十而耳顺,七十而从心所欲不逾矩。"

——《为政篇》

参考语译

孔子说:"我十五岁时,立志于学习圣道;三十岁时,可以自立;四十岁时,可以不被欲望迷惑;五十岁时,可以领悟天命;六十岁时,声入而心通;七十岁时可以随心所欲,却不越出规矩。"

孔子和弟子们经过曲折艰险的山路，终于登上了泰山的巅顶。孔子站在高大的岩石上，在明朗的阳光中，默默地眺望着远处的风光景物。围绕在身旁的弟子们，也像岩石一般，默默无言地站立着。

晴朗的天气很是宜人，天空万里无云，湛蓝的大气轻轻笼罩在头顶上，山野如翡翠一般苍翠，四周一片静谧（jìng mì），但这阒寂（qù jì）中似乎充满着一种不可名状的忧郁。孔子俯瞰着辽阔的大地，那是他的祖国鲁国，命运在冥冥之中运转着。远处的地平线上，只见天连地、地连天，云气离合聚散，像是大地在用那温馨的呼吸，消融化解世间的烦恼。

"今天将是最后一次登泰山了。"站了一会儿，孔子回过头告诉弟子们。

除了教育弟子之外，编纂修订经典文献，是孔子现在最大的事情，也是他的使命。孔子早已明白了，他的政治主张与诸侯们无止无限的欲求相差太远了，他们永远不会采纳的。孔子也深知自己对天下最大的、也是最后的贡献，便是对古典文献的纂修编辑了。

泰山，无论对孔子个人，还是对他的祖国而言，都是一座神圣的名山。最近以来，孔子常常想着再次登上这座山。这并不是因为埋头书卷中太久，想从劳累的工作中脱身出来放松放松，而是因为早就想着再次登上泰山。孔子认为，能够登临泰山的巅峰，就能够真正体会到先王之道，能帮助自己完成经典文献的纂辑编修。今天，孔子得偿所愿，站在泰山的高高的顶峰上，仿佛置身于无限的过去与永恒的未来之间，他的眼、耳、心，寂然地变得那么聪灵敏锐、清澄明澈。

"虽然是最后一次，但说起来，其实是真正的第一次上泰山呢。"孔子自言自语地说着，再次把目光投向遥远的地方。

听到这话的弟子们面面相觑。大家都知道，在过去的岁月中，孔子便经常登泰山，只是在他年过七十的这一两年间，完全在书斋里投入于整理古籍的工作中，很少外出。但是以前周游列国的时候，孔子就曾好几次攀登上泰山。因此，弟子们都不懂孔子自语的"第一次"是什么意思。

孔子好像没有注意到弟子们的疑虑，走动了几步，看着附近的树木与岩石。弟子们都默默地望着夫子的背影。

"泰山的心怀是多么的深广啊！今天，可以说是我第一次投进泰山的怀抱里。"孔子的感叹，让弟子们如同触及了电流似的，大家都震惊了，再次互相顾视而不知所措，谁也不敢说话。

"在我们眼前的是伟大的圣人！"弟子们都瞪大眼睛，眼神交流着，又似乎都在说这同一句话。

"离开这个世界，再也没有什么遗憾的事了。只是我整理编辑文献的工作还没有完成啊！"弟子们再次瞪大了眼睛，都感觉内心一紧，仿佛害怕孔子将要从泰山之巅升上高天，离他们而去似的。大家都不约而同往孔子身边更加靠紧了些。

这时，似乎感觉到弟子们的心意，孔子转过头来，看着他们，慈祥地微笑着。孔子的笑容中，交集融合着无尽的喜悦与无尽的忧戚。那是只有饱经世上风霜、历尽人间磨炼的人才有的微笑。在孔子笑容可掬（jū）的脸庞上，弟子们能够看到"仁圣的孔子""人性的孔子"

与"我们的孔子"三种面貌。

弟子们刚才那种不安的情绪慢慢消失了,气氛开始轻松起来了,快嘴快舌的弟子纷纷说话了。

"夫子,刚刚登上山来,您不觉得累吗?"

"爬那陡峭难行的山坡时,我们都惊叹夫子的步伐是那么轻快呢。"

"从前我还以为只有爬山不会输给夫子,可是今天我连这一点自信也失去了。"

"夫子一定能够健康快乐地长命百岁的!这可不只我们大家的祈愿哦。"

…………

这一类的话语,接连从年轻的弟子口中涌出来。孔子听了,只是轻轻地点点头。蓦地,他像是想到了什么,轻轻地闭上了眼睛。闭目站了一会儿,孔子睁眼看看四周,招呼大家:"好吧,大家都坐下来吧,今天我有几句话要对大家说说。"

孔子在身旁一块扁平的石头上面坐了下来,身体略向前倾着,双手握着拐杖支撑着身体。

弟子们也各自寻找可坐的树根、石头、草地,纷纷坐了下来,大家的眼睛比平时更加闪亮,聚精会神地注视着孔子。

孔子用祥和的目光环视了弟子们一会儿,舒缓地说:"今天,我想向大家讲讲我的生平——说是我的生平,不如说是我的精神历程,也就是,我的心灵和泰山的心灵合而为一之前,我经历过怎样的山路陡坡。我想说给大家听听。"

说到这里,孔子的脸上掠过一丝寂寞的神色。因为,在众弟子中，再不能见到喜爱的颜回和子路两位爱徒了。颜回生病去世，子路在卫国的内乱中丧生，假如他们都还活着，今天也会跟随自己一起来到这里，和大家一起听听自己的心里话啊。想到这里，孔子不胜痛惜，心底那压抑已久的哀伤又冒了出来。

优秀的弟子，如今只有子贡一人在场了。他近来的进境颇为不浅。可是和已经去世的两位同门相比，尤其是与颜回比较，怎么说也总有山顶与山腰之别吧。孔子现在将要说的这些话，子贡是否能真正领会呢，或者虽然能有所悟，但是否能够实践它却仍是要存疑的。子贡尚且如此，何况其他的弟子呢？想到这里，孔子备感失望，刚才那股喜悦热情似乎消失了大半。

虽然如此，孔子还是继续刚才的谈话。

"以诚信发出来的言语，必定能够永存不灭。立言不朽，犹如这泰山顶上落下来的雨水，浸透到地下，总有一天必定注入大海。"

这样想着，孔子又开始说话了。

"当我立志求学时，已经十五岁了。"

弟子们都感到惊讶。因为士大夫阶层的子弟，通常十三岁时就学诗文、习礼乐的。然而孔子竟然到了十五岁，还没有受过任何教育。这一点令大家很是吃惊。

"当然了，十五岁以前我也拜师受业。不过真正懂得学问的重要性，开始萌发自动求学的念头，是从十五岁才开始的。说起来有点难为情，直到十五岁，我好像还在梦境里，根本没有什么自律性，只是模仿所学习到的。模仿不是学问。真正的学问，是由能够自勉自励、自动自律、精益求精的意志所发动的。"

大多数的弟子都频频颔首称是，少数弟子垂头不语，还有的弟子满脸羞红。

"好不容易我才自觉,才发现自己的不足,但是立志求学的我,却由于生活贫困所迫,无法专心去求学。不过,现在反过来一想,正是由于贫困的缘故,我反而学到各种各样的知识和本领。所以,我可以担任会计出纳、管理谷仓、照顾家畜等差事。对于这一套,至今我还有相当的自信哩,哈哈哈……"

"夫子,讲到这事,我想起——"子贡忽然插嘴说,"吴国太宰曾经称赞您是圣人哩。"

"哦?吴国的太宰?"

"是的!他说您,上自《诗》《书》《礼》《乐》等高深的学问,下至老百姓所能做的种种日常杂务,您无一不晓、无一不通。因此,太宰非常惊叹地说:'像这一种人,能够称得上圣人啊!真是一位多才多艺的人。(夫子圣者与!何其多能也!)'他这么说过。"

"嗯,那么你怎样回答?"

"夫子具有与天意合一的大德。因此,在这个意义上来说,本来就是一位圣人,而且,夫子确实是一位多才多艺的人。(固天纵之将圣,又多能也。)我这样回答他。但我认为圣人与多才多艺这件事,根本就不能相提并论的。"

"嗯,不过太宰说我是个会多种技艺的人,说的是实话啊。刚才我说过,我年轻时被生活所迫,从事过各种各样的行业。不过,太宰是不会懂得君子之志的啊!仅仅具有才艺,再怎么多才多能也不是君子之道啊!君子之道,还需要具备其他各方面的条件的。(太宰知我乎!吾少也贱,故多能鄙事。君子多乎哉?不多也。)"

孔子对于圣人这个含义并不做进一步的解释。不过,子贡认为自己对太宰的回答，没有说错话，也觉得很高兴。

"听说夫子有一次告诉子张说，因为您没有受到诸侯国君重用，所以在诸艺能方面掌握得超级好……"一个年轻的弟子说。

"是这样啊！不能做官施展治国安邦的才能，但个人的生活还得继续，必须为生计着想嘛，不能过衣来伸手饭来张口的寄生虫生活，再就是有些空闲时间，自然而然地就学会了各种生产劳动和日常生活的技能。尽管如此，我从十五岁以后还是没有忘记学问的根本而走入歧途。十六岁那一年，在一个偶然的场合，觉得缺乏礼乐知识而自己感到惭愧。从此以后，直到三十岁为止，我没有一天不研究礼乐的。到二十二三岁时，关于礼教上的知识，我大体上是有自信可以传授给他人了，同时对于自己的立身处世之道，也逐渐明确了。我所主张的仁道，从那时期一直到今天，一点儿也没有改变。我只是忠实地传述古圣先贤的大道而已，这些大道中绝对没有我私人的创意开阐，没有趁机塞进我的私货。古圣先贤的大道是完美无瑕的，我们只要信受奉行，把它完完整整地传授给后世就好了。殷朝时候的贤大夫老彭就是这样。我自知能力不足，一直在向老彭看齐。（述而不作，信而好古，窃比于我老彭。）"

"夫子！"这时，另一个年轻的弟子大叫一声，"我们都不相信夫子的教化只是传述前贤往圣的大道，夫子这样说是因为谦逊。如果只是把古老的智慧传给后代才算人类应该践行的正道，那么社会再也没有任何的进步可言了。殷商汤王的盘铭刻着'苟日新，日日新，又日新'（如果能够一天新，就应保持天天新，新了还要更新。）这句名言，我们记得夫子曾经将这句话的含义，向我们讲解了好几次呢……"

孔子一直微笑着听他说完，之后就恢复了严肃的神态，大义凛然地说："你完全错了哟！现在把古圣先贤的大道比喻这泰山好了。如果大家不登上山顶，能够使泰山增高一分一寸吗？如果希望对古圣先贤的大道加上创见，首先必须完全了解圣人之道，不仅仅是要理解它，还应该言行合一、心身合一，也就是说，要在实践中完全体会得明明白白、真真切切才是。直到今天，我都希望自己能够在亲自力行方面有一番较大的作为，我也在不断地努力让自己能够做到这样。我努力的结果是，更加发现古圣先贤的大道是那么完美、那么让人叹服。我理解你们希望社会的进步，然而，要追求社会的进步，最要紧的、第一位的应该是追求你自己个人的进步，这才是社会进步的最好的捷径。怎么样啊，你真正懂得古圣先贤的大道了吗？你是否已经有了充足的准备，有资格条件向我求取超过先贤古圣之道的真理呢？如果你还没有足够的准备，那就应该像商汤王的盘铭所说，每天反省自己、革新自己、不断进步，'日新，日日新，又日新'啊！"

弟子们心中惭愧，都低下了头。孔子面含微笑，接着说："好吧，你们既然不吭声，那我就再唠叨几句吧。我真正痛感到音乐是不可忽视的教养，也就是这个时期。因此，我在三十岁的时候，正式跟随乐师襄子习琴。当然，我从小也一直没有间断过练习音乐。但襄子是当时一流的乐师，所以我还是希望跟他学习音乐，接受他的指导。"

"襄子的音乐造诣我听说过，他的名望很高的。"有一个弟子插话说。

"那是很难得的水平哩。不过后来一想，我觉得还是不够。"

"还不够？您是说……"

"也就是说奏乐者的修养。这话有点儿不好理解，究竟是学问的问题还是音乐本身的问题呢？我先说说我当时习乐的情形。对了，是这样的。我去拜访襄子，他立刻教我从未听过的一首曲子。我练习这曲子差不多十天光景，襄子便说：'好了，今天再换一首曲子。'可是我虽然学会了曲调，但节拍还是没有学得十分准，于是我告诉他，让我再练习几天。又经过了十天，他说：'节拍学到这样就够了，改学下一首曲子好了。'但我觉得自己还不能完全理解这首曲子的意境。于是我又练习了十天。他又说：'怎么样？我想你也体会到了这首曲子的意境了，改学下一首曲子如何？'但是我仍然固执着要从曲中明了这首曲子的作曲家的创作意旨，不要改学新的曲子。于是，后来有一天，襄子非常惊讶地望着我弹琴，问我：'你一定领会了这首曲子的作者的用意了，是吗？'我当时的情绪已经非常平和安静了，每当演奏的时候，似乎会有作曲者的身影站在我面前，肤色黝黑（yǒu hēi），面部清瘦，目光炯炯，若有所思地望着大海的边际，周身上下带着帝王般的庄严。我想，他一定是文王吧。经过襄子证实，这首曲子果然是文王所作的。"

弟子们听得很起劲，专注地看着孔子，眼睛发亮，因为孔子的讲述而浮想联翩，似乎目睹了周文王的风采。

"夫子，襄子知道这首曲子的确是文王作的，却始终没有体会过文王的境界，是不是？"有一个弟子这样提问。

"对，我刚才说过，只差一点点，就是这个意思。无论如何，襄子还是把音乐只是当作一种技术而爱好它罢了。只是把音乐当作一种技术的话，是不能想象文王的样貌神采的，是不能体会到文王这首曲子的真实意境的。真正喜爱先贤圣道，需要真挚的求道之心，换一句话说，只有真诚地探求人生的心，才能真正懂得文王之乐啊！"

"听说襄子后来对夫子行弟子之礼,是不是这次之后的事情呢?"

孔子对弟子们的好奇心感到有点儿无奈,忍不住苦笑了一下,似乎陷入了对往事的追思之中,徐徐地回答:"是的,襄子是位很谦虚的人。当时,他就立刻退出座位,向我作揖。其实,以他的天赋与心智,如果能再活几年,他也能真正成为名闻后世的名家呢。"

稍停片刻之后,孔子看了看叔鱼、子木、子旗、子羔等几位不到四十岁的弟子说:"三十岁到四十岁这个时候,如今回想起来,可以说是我精神上最苦闷的时期。到了三十岁时,我已经在社会上被推崇为礼乐的权威。因而许多显门子弟都来跟我习礼,自然容易起了自满的心理。然而,从另一层面看,我却觉得过去所学到的,不过是一些极其平常的揖让等知识,而不是有深刻思想的真正的学问,我心里不踏实得很。内心里一方面感到不安,一方面又不愿意轻易丧失业已获得的权威头衔,这实在是龌龊(wò chuò)难堪。我虽然直到今天还在不断地鞭策自己,始终保持着不入歧途的警惕心,然而当时的我总是什么事情都觉得迷惘,吃过不少苦头。有时遇到一个小小的问题,也局促也犹豫,往往费上三四天工夫才下定决心。而且,对于已经下过决心或者是决断了的事情,到开始实行的时候,还要转过头来畏首畏尾、东瞧西望,处理一件事情,也总是不能做到药到病除,经常功败垂成或留下遗憾。现在回想起来,那种徘徊不前进、意志不坚定的样子,实在很可笑。考察导致那种情况的原因,不外乎所求到的学问,没有在实践方面经过习练、检验和体会的缘故。可是过了四十岁以后,我几乎不会有这种迷惑了,无论做什么事,能够立刻拿定主意,干脆利落果断执行。"

"夫子去周都洛阳是多大年纪的时候呢?"

"我记得是三十五岁。当时,可以说是我这辈子受到的最深刻的感动。在明堂,我见到了尧、舜与桀(jié)、纣(zhòu)的肖像,当时心中升起的那种不可名状的复杂感觉,至今记忆犹新。"

"您见到老子也是那时候吗?"

"嗯,我已经告诉过大家好几次了。老子具有飞龙一般的神秘和玄妙,虽然我对于他的人生态度,总有着不能完全认可的地方,但他与天地同生的心境是那么自然和深奥,让我由衷地感佩。他还告诫我说,'良贾深藏如虚,君子盛德貌若愚',并且劝导我摒弃一切自鸣得意的骄气,以及多欲求、好美色与放纵享受的淫逸之心。至今,我还感谢他用这样恳切恰当的教导,点拨了年轻的我。我之所以能够把我的学问,从外头融入内心,从内心付诸行动,在实践行动上遵循自然的规律,一心一意地奋力向前进,开拓出一定的境界,也受益于老子思想的影响呢。"

门人弟子们向来认为老子是学问上势不两立的劲敌,今天竟然得到孔子的高度评价和称赞,弟子们都觉得有点儿不知所措、莫测高深了。

"但是——"突然,孔子用低沉的声调继续说了,"当时,也有许多令人厌恶的事情。鲁国的政局动荡得很厉害,昭公被季氏放逐到齐国,也就是这个时期。我也逃难到了齐国,途中经过泰山山麓,遇见一个妇人在那儿很伤心地哭,问她为什么痛哭,她回答说,她的公公和丈夫先后都被老虎吃掉了,现在竟然她的儿子也未能幸免。我就问那妇人说:'既然如此,为什么还要住在这么可怕的深山呢?'那妇人的回答真令人震惊啊!她说:'因为这地儿没有严酷的统治啊!'她这样的回答,说明苛政猛于虎哩!这时,我深深地感到,上天要我担负起纠正当前世道人心的伟大使命。政治不应该局限于书斋里的空论海聊,尽管老子笑话我有骄气、责备我多欲望,然而,在这个社会里,如果希望实现先王之道,非掌握政治上的实权不可。我一直是这样认为的。可是,若是一个人连自己也不能够治理好的话,那还说什么治理天下呢?所以,一直到四十岁,我竭尽全力磨炼自己,使我不再有所迷惑。"

"您在齐国,也不直接参与国政?"

"没有这个机会的,当时齐国的权臣视我如强敌,有人从中作梗破坏,结果我是一事无成哩。齐景公也缺乏强有力的政治手腕,是个意志薄弱的懦夫(nuò fū),对于劝谏他,我算是束手无策、没任何招儿了。"

"夫子向齐景公谏言过吗?"

"有过。他曾经向我询问为政之道,我对他说,君臣父子应该遵守自己的本分,这就是最先应该做到的事。当时齐国的君臣之间,连这个基本的道理都荒废了,哪里可以谈更高上的为政之道呢?"

"那么景公怎样回答?"

"他说:'您说得真好啊!要是君无君样,臣无臣样,父无父样,子无子样,都乱套了嘛,就算有好吃好喝的,我还能吃得到喝得到吗?'(善哉!信如君不君,臣不臣,父不父,子不子,虽有粟,吾得而食诸?)他说得没错。不过,当时景公无治国理政之道,而大夫陈氏在齐国大量施与人们恩惠,景公自己后宫里有太多宠爱的美人,还不立太子。齐国君臣父子之间,都不守规矩、不走正道。那我还怎么办啊?"

"夫子真正执政治国,是在鲁国吧?"

"是啊，在鲁国，是最初，但也是最终。当时我已年约五十了，已经能够明明白白地知天命了。所以，我根据自己的信念，毫无不安、毫无畏缩地治理政事。我从中都宰做到司空，再从司空升到大司寇，在我六七年的从政生涯里，做了很多事情，如今检讨起来，我还是自信没有做错什么。天命是永远不会改变的，任何事物都不能动摇它。如果能够把这个千古不变的天命，运用于执政治事上面，那还有什么忧戚不安、畏畏缩缩呢？功名利禄，更不足道也。但是——"孔子停顿了一下，接着语调沉痛地说，"与永恒不变的天理合一的信念，对这种天命的信念，拿得起来却心中放不下去，还固执着，那证明你的修养还不够圆熟哩。想起当年，我处理政事好像还是有些不那么圆融通透的地方。鲁定公虽然起用了我，后来却逐渐地疏远了我，他最终受了齐国送来的美人的诱惑，受到季氏的甜言诡计的操纵，导致朝纲国政败坏，这时我才发现自己还有所欠缺，政治智慧还不够圆熟，还不够周密齐备。我和我的信念，那时候还没有做到真正成为一体；最有力的证据是，我当时只是把信念当信念看待。真正的信念是没有任何的勉强造作的意识与自觉的，只有将信念和自己的言行合而为一的时候，才能达到圆满的境地。这是我在离开鲁国之后，周游列国的旅途中，才渐渐地体悟到的。"

说到这里，孔子停了停，稍稍调整了一下思绪，继续讲话："从五十岁的时候起，我开始研究易理。而我能够真正地开始懂得易理，也是周游列国的时候。天、地、人，过去、现在、未来，这些都浑然交错，像是织成一块美丽完整的布帛。体会到了易理的真义，才能了解天意，才能把自己置于天理中，超脱将信念当作信念感受的相对的情形，上升到自己的心灵与天理合一的境界。这种天人合一的境界中，眼中所视、耳里所听的一切，都丝毫不会发生偏差。是非、善恶、曲直，一切都实实在在地映照于自己的心上，而自己的心也清清楚楚地判断它们。这种境界，我把它叫作耳顺之境。也就是说，在这种境界里，没有任何成见，诚实地、自然地将天、地、人与过去、现在、未来等精确配合交流的境界。我能够体会到这种境界，已经是到了六十岁的时候了。"

弟子们专心但很感吃力地听着，对孔子讲述的道理，他们大多数人只能理解一二较浅显的部分。同时，他们感到，孔子的思想像是头顶的昊天苍穹，可望而不可即。弟子中有人想起一件往事，那时颜渊还在世，颜渊有一天喟然长叹说："对于夫子的学问与道德，我抬头仰望，越望越觉得高；我努力钻研，越钻研越觉得不可穷尽。看起来它好像就在前面，忽然却又像在后面了。夫子善于一步一步地诱导我，用各种典籍来丰富我的知识，又用各种礼节来约束我的言行，使我想停止学习都不可能，我竭尽了我的全部精力去学习它。直到我用尽了我的全力。好像有一个十分高大的东西，就立在我前面，虽然我想要追随上去，却没有前进的路径了。（仰之弥高，钻之弥坚，瞻之在前，忽焉在后。夫子循循然善诱人，博我以文，约我以礼。欲罢不能，既竭吾才，如有所立，卓尔；虽欲从之，末由也已！）因此，现在好不容易始能清清晰晰地发现了夫子的仁道的本体。可是，到了要把握它的时候，却不能做到。夫子的道，真是可望而不可即啊！"

"然而——"孔子接着再讲，"这种知晓了天命的心境，如不更进一步地探求它，还不足以称为有用的道理。这种心境只不过是限于一己的心灵生活。高人隐士之中，不能说没有修炼到这种心境的。单单这样的境界，我还是不会满足的。磨得锃亮的镜子，可以照出各种东西的形状，然而镜中的影子，毕竟是虚空无实的。同样的道理，假如我能够正确地照出天、地、人与过去、现在、未来，可是如果只是这种程度的话，和死的东西有什么不同呢？真理应该与行为的世界相配合才能称为有生命的真理。我这样想着，自此之后，就更加不屈不挠不休不止地探求它。让我感到吃惊的是，我越努力探究，越发现人类的行为是多么纷纭复杂、难以通解。我刚才说过四十而不惑，当然我在行为的根本原则方面是不迷惑了。我又说五十而知天命，的确，五十岁之后，我未曾从根本上违背我的天命。可是，我在未到达耳顺的境界之前，我的行为分寸把握得应该说不是很适当。虽然同为一尺的长度，可是我的尺度里面，还是难免混进了我个人的主观意识。结果，虽然同为一尺的长度，但是，因为我私心地肆意决定尺度的标准，那一尺里的一分一寸就难免有些伸缩出入。直到六十岁耳顺的境界时，我才能够真正正确地理解事物、真正正确地把握真理。在那以后，我试图校正自己所肆意决定的尺度标准，使自己的行为和客观的尺度标准相符合。我的终极目标没有错误，我所探求的路线方向也是正确的，但是因为没把握好分寸，我走出的每一步中，却不免有本不该有的磕绊曲折。我认为，如果老这样子是不对的，我想要改正，否则，与那些为了孝敬父母而做小偷偷东西的人，没有什么大的差别。因此，我再接再厉，更严以律己，经过不松懈不怠惰的努力，才做到了从心所欲而不逾矩的地步。也就是说，能够按照自己的意愿去行走，却符合正确的、客观的尺度基准。这时我已经到了七十岁啦！能够安详地活在这个世界上，享受心灵的自由，也就是这之后的事儿。"

孔子说完，闭上了眼睛。山风云气的呼啸声传过树梢，消逝在远远的山谷间。孔子听着那萧萧的呼啸，回忆着他过去那段长长的艰苦修养的路程。孔子心中浮现出一个人影，是不求神秘，不盼奇迹，只靠自己的力量，一步一步地，沿着正道前进的完美的修行者；这个人影，渐渐变得高大起来，并最终与自己合而为一。孔子认为，自己所到达的境界，任何有坚定信心的人都可以到达。这样地想着，孔子感到由衷的、无限的喜悦。

"我所走过的路，是万人的路。现在无论谁人要追随着我，我再也不会有丝毫的不安。因为，我的言行都是经过实践检验的，没有一个是口说无凭的。不，应该说是，是先经过了实践，我才发表言论的。"

孔子站了起来，仰望着浩浩长空，天空依然那样湛蓝，泰山的石头依然牢固地支撑着他的双脚。弟子们静静地仰望着孔子，没有说话，没有吭气，各自不断地咀嚼回味着，见仁见智地领会，把孔子的讲话牢记在心中。

孔子把望向天空的目光转向弟子们，看着一张张年轻有朝气的面孔，一下想到将要和他们永远别离，想到如果在弟子们中，哪怕是有一个也好，能够真正理解自己的思想，那该多好啊！可是，事与愿违，孔子那寥落的心中不禁袭进一股深深的空虚感，涌起一阵深深的孤独感。

孔子不禁自言自语："唉，没有人理解我啊！"

子贡听到这句话，突然站起来，走到孔子面前，不服似的诘问："夫子为什么这样说呢？夫子的大德，难道没有人理解吗？"

然而，孔子不愿回答，没有理他，继续自言自语地说："我既不怨天，也不尤人。我只是照着自己的信念，就像从泰山山脚下爬到这山顶上一样，从低处一步一步往高处攀登，我的心只有上天理解！"

子贡面子上显得相当不高兴，还想辩驳。但孔子直视着他："子贡，你明白了吗？我的道，只是这一些。"

子贡一惊愕，老实地闭上嘴不再说了。

不久，孔子和弟子们下了泰山。

据说，孔子离开泰山，回家之后，为纪念编辑修订经典的工作完成，召集门生弟子，举行了一次小祭典。在这次祭典中，孔子郑重地向大家诀别："我作为老师，所担负的任务如今已经完成了。今后，我不再是你们的夫子，而是你们的朋友了！"

孔子放下了他毕生的事业，拉下了人生的大幕，是他七十三岁的时候，那是一个春天。在逝世前七日，孔子早早起来，背着双手，拖着拐杖，在门口漫步，又唱起了歌，子贡听见那歌是这样唱的：

泰山其颓乎！
梁木其坏乎！
哲人其萎乎！

（泰山要崩塌了吧！屋梁要毁坏了吧！哲人要凋落了吧！）

附录

孔子传略

孔子，名丘，字仲尼，商殷后裔。周成王封微子启于宋，四传至愍公（mǐn gōng）。愍公生长子弗父何，次子鲋（fù）祀。愍公不传子而传弟，是为炀公。后鲋祀弑之，拥兄为君，弗父何不受，鲋祀乃自立。弗父何生宋父周，周生胜，胜生正考父。正考父有贤名，历佐戴公、武公、宣公，皆为上卿。每一受命，益增其恭；且自奉甚俭，修养颇高。自制鼎铭曰："一命而偻，再命而伛，三命而俯……"正考父生孔父嘉，佐宣公，为大司马。宣公传其弟穆公，穆公传兄子殇公，遗命嘉佐之。嘉，字孔父；周制，五世亲尽，后世遂以"孔"为姓。

嘉妻甚美，太宰华督遇于途，见其美而艳，遂杀嘉而夺其妻。殇公怒，华督又弑殇公而迎立公子冯，是为庄公，降嘉子木金父为士族。木金生祁父，祁父生防叔；不容于华氏，逃鲁，为防邑大夫，遂为鲁人。防叔生伯夏，夏生叔梁纥（shū liáng hé）。纥娶施氏，生九女；纳妾生子，名孟皮，脚病，不能继宗祀；施氏谢世，继娶颜氏征在。

孔子于周灵王二十一年，鲁襄公二十二年，公元前551年，十月庚子，即农历九月二十八日，降生于鲁国陬邑（zōu yì，今山东省曲阜东南）昌平乡，今尼山下之坤灵洞传为孔子诞生地。因父母祷于尼山而生，赐名丘，字仲尼。由世系算，孔子当为商殷微子第十五世孙，宋愍公第十一世孙，孔父嘉第六世孙。

时，天竺释迦牟尼十三岁。耶路撒冷在巴比伦王尼布甲尼撒统治下，犹太族亡国已三十五年矣。

三岁（前549年），父叔梁纥卒。母颜征在携孔子迁居鲁都曲阜阙里，寡母劬劳（qú láo）抚养孤儿。

五岁（前547年），弟子秦商生。

六岁（前546年），受母教育，孔子"为儿嬉戏，常陈俎豆，设礼容"（《史记·孔子世家》），演习礼仪。

七岁（前545年），入学，习洒扫、应对、进退之礼，及音、乐、射、御、书、数之艺。

弟子颜繇（yán yóu，颜子之父）、曾点（曾子之父）生。

周灵王崩，周景王继位，次年为周景王元年。齐国田、鲍、高、栾四族攻灭庆氏；田氏施恩散惠收买民心，民众皆弃齐公室而投田氏。

八岁（前544年），弟子冉耕（伯牛）生。

吴公子季札历聘于诸侯，观乐于鲁国。

九岁（前543年），郑国使子产执政。

十岁（前542年），弟子仲由（子路）生。

鲁襄公卒，鲁昭公立，次年为鲁昭公元年。

十二岁（前540年），弟子漆雕开（子若）生。

十五岁（前537年），立志学习仁道及有关艺能，追求由仁道衍生的明德。

十六岁（前536年），弟子闵损（子骞）生。

十七岁（前535年），慈母逝世，与父合葬于防。

十八岁（前534年），已身长九尺六寸（周制），人皆谓之为"长人"。郑铸刑鼎。

十九岁（前533年），娶宋之亓官氏（qí guān shì）为妻。

二十岁（前532年），生儿；因昭公以鲤赐，荣之，故名鲤，字伯鱼。

为委吏，即今之仓库管理员。《史记》称孔子"料量平"，《孟子》说孔子"会计当"，亦即一乘大公，粮食出入分量相等，记账清晰，出纳精当。

二十一岁（前531年），任乘田，即今之牧场管理员。经营得法，牛羊肥壮。《论语·子罕篇》有记："吾少也贱，故多能鄙事。"

二十三岁（前529年），始教学于阙里。颜繇、曾点、琴张（琴牢）等均往受教。施教方针即"有教无类"，曾谓"自行束修以上，吾未尝无诲焉"。教人"志于道，据于德，依于仁，游于艺"，授以文、行、忠、信四教；同时，罄其所知，毫不藏私，"二三子以我为隐乎？吾无隐乎尔，吾无行不与二三子者"。教学方式重启发，即"不愤，不启，不悱，不发，举一隅，不以三隅反，则不复也"；鼓励学生力求上进，"譬如为山，未成一篑，止，吾止也。譬如平地，虽覆一篑，进，吾往也"；施教不用鲁国方言，而用西都正音，亦即雅言，当时之普通话（周朝官方正式场合通用语）。《论语·述而篇》有记："子所雅言：诗、书、执礼，皆雅言也。"

二十六岁（前526年），埃及帝国灭亡，国祚一千又五十五年。

二十七岁（前525年），周景王二十年，鲁昭公十七年，郯子（tán zǐ）再次朝鲁。孔子乘机前往请教，"见于郯子而学之"。郯子倾囊相授，言及黄帝受命时有云瑞，故以云纪官；炎帝有火瑞，故以火纪

官；……少昊即位，凤鸟飞集，故以鸟纪官。孔子因谓："吾闻之，天子失官，学在四夷，犹信。"（《孔子家语·辨物》）

学琴于师襄，得文王操。他人有善言、善行足取，皆从师。人称孔子"无常师"。

又之杞、宋，访夏商旧礼，得夏小正、商坤乾之书及其前七世祖正考父所遗《商颂》五篇，又得《夏书》四篇，《商书》十七篇。（《论语·八佾》）

三十岁（前522年），自信从此能依礼立身。一说琴张等始从孔子学。

奔洛邑，问礼于老聃；观明堂，入太庙。

弟子冉雍（仲弓）、冉求（冉有）、宰予（子我）、商瞿（子木）、梁鳣（liáng liè）生。

郑子产卒。孔子曰："子产有君子之道四焉：其行己也恭，其事上也敬，其养民也惠，其使民也义。"（《论语·公冶长》）

齐景公与晏子（晏婴）狩，入鲁，问礼。楚平王荒淫，杀伍员（子胥）父兄，伍员与太子建奔郑，又奔吴。

三十一岁（前521年），弟子颜回（颜渊）、巫马施（巫马期）、高柴、宓不齐（宓子贱）生。

三十二岁（前520年），弟子端木赐（子贡）生。

周景王崩，周悼王继位，王子朝攻杀悼王，晋国攻朝而拥立周敬王上位，次年为周敬王元年。

三十四岁（前518年），孟僖子卒，遗命二子南宫敬叔及孟懿子将来师事孔子学礼。

三十五岁（前517年），孔子适齐。

鲁昭公率师攻季平子，平子联合孟孙、叔孙，三桓共攻昭公，昭公败，奔齐，国乱。

三十六岁（前516年），在齐闻韶，三月不知肉味。曰："不图为乐之至于斯也！"与齐太师语乐。

弟子樊须（樊迟）、原宪生。

齐景公问政，对曰："君君，臣臣，父父，子子。"意以正名为施政之首。

晋出兵助周敬王复位。王子朝逃离王城，携大量周室档案典籍奔楚，此文献从此不知下落。

三十七岁（前515年），晏婴等阻景公封孔子田，或欲害孔子。齐景公待孔子曰："若季氏，则吾不能，以季孟之间待之。"曰："吾老矣，不能用也。"孔子行。（《论语·微子篇》）自齐返鲁。不仕，教授弟子。

吴公子季札聘齐，其子死，葬于瀛博间。孔子往观葬礼。

三十八岁（前514年），返鲁途中，过泰山侧，有妇人哭于墓者而哀。式而听之。使子路问之曰："子之哭也，一似有重忧者。"曰："然。昔吾舅死于虎，吾夫又死焉，今吾子又死焉！"夫子曰："何不去也？"曰："无苛政。"夫子曰："小子识之，苛政猛于虎也。"（《礼记·檀弓下》）

又，孔子游于太山（泰山），见荣启期行乎郕（chéng，今山东省汶上北）之野，行郕之野，鹿裘带索，鼓琴而歌。孔子曰："先生何乐也？"对曰："吾乐甚多，而至者有三：天生万物，人为贵，吾得为人，一乐也。男尊女卑，男为贵，吾得为男，二乐也。人生有不见日月，不免襁褓（qiǎng bǎo）者，吾已行年九十有五，三乐也。贫者，

士之常；死者，民之终，居常以待终，何不乐也？"孔子曰："善哉，能自宽者也。"（《列子·天瑞》）

晋魏献子（舒）执政，举贤才不论亲疏。孔子以为义，曰："近不失亲，远不失举，可谓义矣。"（《左传·昭公二十八年》）

三十九岁（前513年），晋赵简子铸范宣子所为刑书于鼎。孔子曰："晋其亡乎，失其度矣。夫晋国将守唐叔之所受法度，以经纬其民者也。卿大夫以序守之，民是以能遵其道而守其业。贵贱不愆，谓度也。文公是以作执秩之官，为被庐之法，以为盟主。今弃此度也而为刑鼎。民在鼎矣，何以尊贵？何业之守也？贵贱无序，何以为国？且夫宣子之刑，夷之搜也。晋国乱制，若之何其为法乎？"（《孔子家语·正论解》）

四十岁（前512年），孔子自谓"四十而不惑"（《论语·为政》）。又曰："四十而见恶焉，其终也已。"（《论语·阳货》）

弟子澹台灭明（子羽）生。

伍子胥参与吴国国事。孙武以《孙子兵法》献吴王。

四十一岁（前511年），弟子陈亢（子禽）生。

四十二岁（前510年），鲁昭公薨（hōng），鲁定公立。

四十三岁（前509年），南宫敬叔与孟懿子，遵父遗命来就学。

弟子公西赤（华）生。

罗马王国内乱，塔克文王朝溃，罗马共和国立，罗马自此有信史。

四十四岁（前508年），弟子有若（有子）生。

四十五岁（前507年），在鲁观于桓公之庙，有欹（qī）器焉。问于守者曰："此宥（yòu）坐之器也。"孔子曰："吾闻宥坐之器，虚则敧，中则正，满则覆。明君以为至诚，故常置之坐侧。"顾谓弟子试注水焉，中则正，满则覆。孔子喟然叹曰："夫物，恶有满而不覆者哉？"子路进曰："敢问持满有道乎？"曰："有。聪明圣哲，守之以愚。功被天下，守之以让。勇力抚世，守之以怯。富有四海，守之以谦。此所谓挹而损之之道也。"

弟子卜商（子夏）生。

四十六岁（前506年），夏，南宫敬叔言于鲁定公："请与孔子适周。"定公与之一乘车、两马、一竖子，俱适周问礼。盖见老聃（lǎo dān）云。又观书于周史，访乐于苌弘（cháng hóng），历郡社之所，考明堂之则，察庙朝之制。观后稷之庙，有金人焉，三缄其口，而铭其背曰："古之慎言人也，戒之哉：无多言，多言必败；无多事，多事多患。安乐必戒，无行所悔！"

南容三复白圭，孔子以其兄之女妻之。（《论语·先进》）又谓："公冶长可妻也，虽在缧绁（léi xiè）之中，非其罪也。"以其子妻之。（《论语·公冶长》）弟子言偃（子游）生。

吴伐楚，五战抵郢都（今湖北省江陵），楚昭王逃命。伍子胥掘楚平王墓鞭其尸。周敬王杀死在楚之王子朝。

四十七岁（前505年），阳货以陪臣而专鲁政，欲见孔子，孔子不见，遇诸涂，虚与委蛇而返。（《论语·阳货》）始特喜《易》，读《易》，韦编三绝。孔子说："假我数年，五十以学易，可以无大过矣。"此后往来于齐、宋、卫等邻国，等待问政机会，然"孔子不仕，退而修《诗》《书》《礼》《乐》，弟子弥众，至自远方，莫不受业焉"。（《史记·孔子世家》）讲学授徒，从游者众，终日讲学，以求至德要道之归，而又好古敏求，多闻多见。

弟子曾参（曾子）、颜幸生。

申包胥哭秦廷，引秦军救楚，楚王还都。

四十八岁（前504年），季桓子以粟千钟馈赠孔子，孔子受之，既而以颁门人之无者。子贡进曰："无乃非季孙之意乎？"孔子曰："与其使季孙惠一人，岂若惠数百人哉？"（《孔丛子·记义》）

王子朝余党作乱，周敬王奔晋。吴大败楚水军，楚迁都鄀城（今湖北省宜城），势大衰。

四十九岁（前503年），弟子颛孙师（zhuān sūn shī，子张）生。

周敬王得晋助，返王城。

五十岁（前502年），自认此年切知天赋使命，故曰："五十而知天命。"

鲁定公攻齐。冬，阳货欲伐三桓，密谋享季氏于蒲而执之。桓子诈之，得脱。公山不狃（niǔ）回应阳货，据费反，召孔子；孔子知其不可与有为，未去。

五十一岁（前501年），阳货败逃外国，曾拒阳货之孔子声望日隆，季桓子荐为中都（今山东省汶上西）宰。到任，制养生送死之节，长幼异食，强弱异任，男女别涂，路不拾遗，器不琱（diāo）伪；为四寸之棺，五寸之椁，因丘陵为坟，不封不树。行之一年，四方则之。定公问曰："学子此法，以治鲁国，何如？"孔子对："虽天下可也，何但鲁国哉？"（《孔子家语·相鲁》）

五十二岁（前500年），随定公会齐景公，出席"夹谷之会"，孔子任礼相，措置合礼得宜，理直气壮，慑服景公及晏婴，齐人还鲁田。孔子由中都宰升任司空，主管鲁国水利农地工程。

晏婴卒。孔子尝评之曰："晏平仲善与人交，久而敬之。"

希腊南部伯罗奔尼撒境内诸城邦，与斯巴达结盟，推斯巴达为盟主。

五十三岁（前499年），仍为司空，别五土之性，使物各得其所生之宜。子贡观于蜡。子曰："赐也，乐乎？"对曰："一国之人皆若狂，赐未知其乐也。"子曰："百日之劳，一日之乐，非尔所知也。张而弗弛，文武弗能也。弛而不张，文武弗为也。一张一弛，文武之道也。"（《礼记·杂记下》）

鲁与郑结盟，叛晋。

波斯帝国属地爱奥尼亚诸城起义，陷撒狄，焚城。雅典遣军助之，波斯军反击。

五十四岁（前498年），升大司寇，主管鲁国司法。有父子讼者，同狴执之，三月不别，其父请止，乃赦。季孙不悦。孔子喟然叹曰："上失其道，而杀其下，非礼也。不教以孝，而听其狱，是杀不辜也。"终赦之。（《荀子·宥坐》）

夏，为强公室，言于定公曰："臣无藏甲，大夫无百雉之城。"使仲由为季氏宰，将堕三都：叔孙氏先堕郈，季氏将堕费，已叛五年的公山不狃（gōng shān bū niǔ）与叔孙辄率费人袭鲁，公与三子入于季氏之宫，费人攻之弗克，入于公侧。孔子命申句须、乐颀下伐之。费人北，败于姑蔑（今山东省泗水东），二子奔齐，遂堕费。将堕成（今山东省宁阳），公敛处父谓孟孙曰："……成，孟氏之保障，无成，是无孟氏也。我将弗堕。"十二月，公围成，弗克。（《史记·孔子世家》）

弟子公孙龙生。

五十五岁（前497年），由大司寇摄相事。七日而诛乱政大夫少正卯，三月而国大治。

齐以美女八十人，衣文衣，并文马三十驷，贿鲁。季桓子受之，君臣沉迷，多日不听朝政。孔子欲谏不得，又因强公室政策，不受季桓子支持，遂离鲁之卫国，开始周游列国。

五十六岁（前496年），适卫，由正月至十一月，卫灵公尊而不用。《孟子·离娄篇》："孔子有见行可之仕，有际可之仕，有公养之仕。于卫孝公，公养之仕也。"居十月，孔子受谗害，去卫之陈，过匡（今河北省长垣西南），匡人以其相貌似前曾扰匡之阳虎，拘困五日，得脱身。经蒲地，遇公叔氏叛乱，蒲人止围孔子，弟子公良孺与之战，蒲人惧，谓之曰："苟毋适卫，吾出子。"与之盟，出孔子东门，孔子遂于年终适卫。子贡曰："盟可负耶？"孔子曰："要盟也，神不听。"（《史记·孔子世家》）

卫世子蒯聩欲杀南子，事败，奔宋。越王句践败吴王阖庐；阖庐死，子夫差继位，励精图治，三年，乃报越。

五十七岁（前495年），返卫，灵公喜而郊迎，居月余。南子欲见孔子，依礼见。（《论语·雍也》）灵公与南子出行，欲让孔子为次乘，招摇过市，孔子耻之，去陈。（《史记·孔子世家》）

鲁定公卒，鲁哀公立。

五十八岁（前494年），七月，返卫。

吴王伐越，越句践退守会稽（今浙江省绍兴），礼卑辞服乞降，献美女西施，并亲赴姑苏（今江苏省苏州市姑苏区）为夫差服役。

波斯大军连陷爱奥尼亚诸城，凡米都利等地遭屠。

五十九岁（前493年），在卫，灵公老，怠于政，不用孔子。他日，问阵于孔子，孔子对曰："俎豆之事，则尝闻之矣。军旅之事，未之学也。"（《论语·卫灵公》）后来又闲与孔子语，见飞雁，仰视之，色不在孔子。孔子遂西行之陈。

灵公薨，卫出公立。

六十岁（前492年），《论语·为政篇》中，孔子自评："六十而耳顺。"

孔子适曹又适宋，宋司马桓魋（huán tuí）欲杀之，孔子微服去，适陈。孔子过郑，在郑都与弟子失散，独自在东门等候弟子寻找，被嘲笑为"累累若丧家之狗"。孔子欣然笑曰："然哉，然哉！"（《史记·孔子世家》）

秋，季桓子病将死，嘱子康子："若相鲁，必召仲尼！"康子后因故改召冉求。

六十一岁（前491年），孔子居陈久，因陈常被吴寇，思归鲁："归与，归与，吾党之小子狂简，斐然成章，不知所以裁之。"（《论语·公冶长》）七月，乃如蔡。

吴遣勾践归越，越王卧薪尝胆，密谋复仇。

六十二岁（前490年），自蔡入叶。叶公问政，子曰："近者悦，远者来。"（《论语·子路》）去叶返蔡途中，孔子遇隐者长沮、桀溺耦而耕，使子路问津。（《论语·微子》）

齐景公薨，田乞（陈乞）诡诈强力，立公子阳生为傀儡（kuǐ lěi），是为齐悼公。齐国大权全落入田氏，祭则吕氏。至前386年，田氏篡齐；前379年，齐康公薨，而姜太公之后人于齐"绝其嗣"矣。

波斯王大流士率十万大军渡爱琴海，攻雅典，雅典以一万人败之于马拉松湾。马拉松湾守将遣青年斐德匹敌士跑去雅典报捷，至则大呼，力竭殉国。此则后之马拉松长跑竞赛之本源头也。

六十三岁（前489年），楚昭王闻孔子在陈、蔡之间，使人聘孔子。陈、蔡大夫恐孔子去楚，于已不利，乃徒役围孔子，使不得行。厄于陈、蔡间，绝粮七日，从者病，莫能兴，孔子弦歌不辍。子路愠见曰："君子亦有穷乎？"子曰："君子固穷，小人穷斯滥矣。"(《论语·卫灵公》) 使子贡去楚求援，楚昭王兴师来迎，得免。昭公原有意用孔子，并封孔子七百里，但被令尹子西所阻。

楚昭王卒，子惠王立。孔子去楚如卫。

六十四岁（前488年），在卫国。孔子虽受"养贤"之礼遇，但仍不见用。时弟子多在卫，卫君欲得孔子为政。子路曰："卫君待子而为政，子将奚先？"孔子曰："必也正名乎！"子路曰："有是哉，子之迂也。奚其正？"子曰："野哉，由也，君子于其所不知，盖阙如也。名不正，则言不顺；言不顺，则事不成；事不成，则礼乐不兴；礼乐不兴，则刑罚不中；刑罚不中，则民无所措手足。故君子名之必可言也，言之必可行也。君子于其言，无所苟而已矣！"（《论语·子路》）冉有曰："夫子为卫君乎？"子贡曰："诺，吾将问之。"入曰："伯夷、叔齐何人也？"曰："古之贤人也。"曰："怨乎？"曰："求仁而得仁，又何怨？"出，曰："夫子不为也。"（《论语·述而》）

六十五岁（前487年），仍在卫。子禽问于子贡曰："夫子至于是邦也，必闻其政，求之与，抑与之与？"子贡曰："夫子温、良、恭、俭、让以得之，夫子之求之也，其诸异乎人之求之与！"（《论语·学而》）

吴攻鲁，战败；弟子有若参战，立功。宋攻陷曹都（今山东省定陶），曹亡。

六十六岁（前486年），仍在卫。

释迦牟尼涅槃（niè pán），世寿八十岁（前565—前486年，一说前623—前544年）。僧徒五百人在王舍城诵经并讨论经文，史称第一次大结集。

六十七岁（前485年），仍在卫。夫人亓官氏卒。

六十八岁（前484年），齐伐鲁，进军至清。冉有率左师，樊迟为副。孟武伯率右师，邴泄为副。右师奔，齐人逐之。冉有以矛入齐军，克之，获甲首八十，齐军遁，擒其大夫国书。季康子谓冉有曰："子之于军旅，学之乎？性之乎？"冉有曰："学之于孔子。"康子遂以币迎孔子。孔子离开鲁国，共十四年，而返乎鲁。（《史记·孔子世家》）季康子欲加"田赋"，孔子反对。谓冉有曰："君子之行也，度于礼。施取其厚，事举其中，敛从其薄。如是则丘亦足矣。"（《左传·哀公十一年》）

溯自周敬王二十四年（鲁定公十四年，西元前496年），孔子五十六岁时，春正月去鲁适卫，至敬王三十六年（鲁哀公十一年）冬十月自卫返鲁，凡十二年有九月，整言之则为十三载。《孔子世家》谓十四岁者，盖记其去鲁之事于敬王二十三年，而未察其去鲁之日已在冬至后也。其间四度居卫：一度，为定公十四年正月至十一月；再度，约为定公十四年之岁终至十五年三月；三度，约为哀公元年七月至二年二月；第四度最久，约为哀公六年九月至十一年十月。两度居陈：一度，约为定公十五年八月至哀公元年七月；二度，约为哀公二年二月至四年六月。居蔡之日，约为哀公四年七月至六年四月，包括叶之往返。其余则为过匡、过蒲、过曹、过宋及如楚所需之时日也。此行足迹所经：卫、陈、蔡、叶、蒲、曹、宋、楚等八处，栖栖惶惶（xī xī huáng huáng）。此后，即专心讲学，删《诗》《书》，正《礼》《乐》，赞《周易》，修《春秋》。

六十九岁（前483年），继续整理和编辑古典文献、教授弟子。尝说:"吾自卫返鲁,然后乐正,雅颂各得其所。"

孙孔伋(jí,子思)生。儿孔鲤(伯鱼)去世,得年五十岁。或谓孔伋生于此前几年,然采信者甚少。或谓伯鱼为家人捕鱼而死,同日子思生;此说富戏剧性,然甚动人心。

七十岁(前482年),孔子此后智慧圆通,从心所欲,所为所思,无不中矩。《论语·为政》有回忆:"七十而从心所欲,不逾矩。"

夏,吴王夫差会晋定公于黄池(今河南省邦邱),越乘机攻吴,焚姑苏,擒太子吴友,夫差引军还,战不利,乞降。后十年,越再攻吴,夫差自杀,吴亡。吴共立国一百一十四年。

七十一岁(前481年),在鲁,继续整理和编辑古典文献、教授弟子。

颜回病逝,得年四十一岁。子曰:"噫!天丧予,天丧予!"(《论语·先进篇》)

春,叔孙氏之车士曰子锄商,采薪于大野,获麟焉,折其前左足,载以归,叔孙以为不祥,弃之于郭外。使人告孔子曰:"有麇(jūn)而角者,何也?"孔子往观之,曰:"麟也。胡为来哉?胡为来哉?"反袂(mèi)拭面,涕泣沾衿。叔孙闻之,然后取之。子贡问曰:"夫子何泣尔?"孔子曰:"麟之至,为明王也,出非其时而害,吾是以伤焉。"(《孔子家语·辩物》)又曰:"凤鸟不至,河不出图,洛不出书,吾已矣夫!"(《论语·子罕》)《史记·孔子世家》载:"及西狩见麟,曰:'吾道穷矣!'"所著《春秋》,从此绝笔。《春秋》所记,自鲁隐公元年(前722年)迄鲁哀公十四年(前481年),计二百四十二年;自公元前770年至公元前476年之中国历史时期,史称"春秋时代"。

七十二岁（前480年），子路在卫，庄公返卫，出公奔鲁。子路在宫廷之变时殉职，孔子哭之。

波斯王薛西斯统军渡达达尼尔海峡攻雅典，雅典海军于萨拉密斯海峡反击，波斯舰队全没，薛西斯急引军退，留大将马都尼续攻。史称第二次波希战争。北非迦太基帝国遣舰队渡地中海，攻西西里岛希腊人殖民地叙拉古王国，叙拉古迎击，战于希梅勒，迦太基全军尽没，仅一船逃回。萨拉密斯之战与希梅勒之战，东西地隔千里。

七十三岁（前479年），周敬王四十一年，鲁哀公十六年，孔子寝疾七日，于周历四月十一日己丑，亦即夏历二月十一日逝世。

孔子在鲁，经襄公、昭公、定公、哀公四世。国外则与齐景、卫灵、楚昭同时。并世而年稍长者，周之老聃、卫齐蘧伯玉（qú bó yù）、齐晏婴、郑子产、楚老莱子、鲁孟公绰、臧文仲、柳下惠等。

孔子逝后，哀公立庙，置守庙人一百户。鲁世世相传，以岁时奉祀孔子冢（zhǒng），而诸儒亦来讲礼、乡饮、大射于孔子冢。孔子冢大一顷。故所居堂，弟子内，后世因庙藏孔子衣冠、琴、车、书，至于汉二百余年不绝。汉高皇帝过鲁，以太牢祀焉。诸侯卿相至，先谒而后从政。（《史记·孔子世家》）唐玄宗二十七年，追谥孔子为"文宣王"；宋真宗大中祥符元年，加谥为"玄圣文宣王"，五年，改谥为"至圣文宣王"；元大德十一年，再加号为"大成至圣文宣王"。明世宗嘉靖九年，始为木主，题"至圣先师孔子神位"。

波斯大将马都尼攻陷布拉底，希腊诸城联军反攻，马都尼阵亡，波军全部被俘，自是不能再举。是为第三次波希战争。其后十年，苏格拉底生，好事者以为孔子转世；虽云不经，可资闲谈。

东周自周平王东迁以雒邑（洛邑）为都城，称雒邑为王城。敬王时，王子朝在雒邑势大，乃迁都至雒邑之东，称新都为成周，称旧都为王城。公元前476年，周敬王在位四十四年而卒，因其去世时间恰好处于春秋、战国之交这段时期，故史学家以此年为划分春秋、战国时期之分界点。

《论语》的价值

谈到《论语》的价值，须先认识孔子的价值。

司马迁在《史记·孔子世家赞》中说："天下君王至于贤人，众矣！当时则荣，没则已焉。孔子布衣，传十余世，学者宗之。自天子王侯，中国言六艺者，折中于夫子，可谓至圣矣。"世界上的大牛人，从君王以至社会上的贤士达人，太多了！他们活着的时候都很荣耀光彩，但死后就大都销声匿迹了。孔子只是一位无官无位的普通百姓，但他的学问思想，却流传影响至今（指西汉武帝时）已经十几代人了，从事学问者都以他为宗师。中国人但凡是谈到六艺，哪怕显贵如君主王侯，也都要以孔老夫子为榜样，可以说孔子是道德和智能最高的圣人了。

清雍正元年十一月上谕："孔子道冠古今，为万世师表，溥海同钦，无不俎豆尊崇。"二年二月六日上谕："孔子道高德厚，为万世师表，所以维世教、主人极者，与天地同其悠久。"

以上只是以中国历史为背景的看法。若用世界史为背景来检视，则有史以来影响人类最深者有四人：孔子、苏格拉底、释迦牟尼、耶稣。其中，释迦牟尼、耶稣教化世人，都要依靠非现实人间的彼岸天堂或地狱之类的说法。孔子和苏格拉底的教化，不靠地狱之威胁或天堂之诱惑，孔子更是毫无人世之外的凭借，只靠自修与践行。苏格拉底对西方世界影响深远，孔子对东方世界影响深远。

宋朝大儒朱熹曾言："求一书似《论语》者，卒（最终）无有。"梁启超也曾说："孔子这个人有若干价值，则《论语》这部书也连带的有若干价值。"日本人古城贞吉在其《中国五千年文学史》中说："应特称《论语》为圣门第一书。"伊藤仁斋在所著《论语古义》中，推崇《论语》是"最上至极宇宙第一书"。

用不着再费言辞了吧，诸君应该可以知道《论语》这部书的价值了。

《论语》的思想系统

《论语》行文是语录体，乍看似无体系，但是，任何人的思想都有一定头绪，不会杂乱无章；孔子是大哲人，更不例外。兹就《论语》各篇篇旨及各章经文，简要整理出其思想系统如下：

孔子一生，志在行道，可见道就是他的思想尖端。人世之中，有物质之道，有精神之道。前者如水道、陆道、空道等，后者如佛道、耶道、回道等。孔子之道，无疑是精神之道。

《孟子·离娄篇》："孔子曰：'道二，仁与不仁而已矣。'"可见精神之道，又分两种：一是仁道，二是不仁之道。《中庸》第二十章："修身以道，修道以仁。"说明孔子之道，就是仁道。

关于仁道的定义，试简述之：仁者，是孔孟思想的理想人格及其应守之道。内涵是以发扬爱心为方法，修身为基础，平天下为目的，所阐扬出来的各种人际关系轨范。

仁的意义既已明确，那么怎样推行仁道呢？《论语·子路篇》："子路曰：'卫君待子而为政，子将奚先？'子曰：'必也正名乎！'"可见正名是行仁的先决条件。《论语·颜渊篇》："齐景公问政于孔子。孔子对曰：'君君、臣臣、父父、子子。'"说详细些：君行君义——仁，臣行臣义——忠，父行父义——慈，子行子义——孝。简而言之，正名就是这样依名行义。

关于义，兹先简述之：《中庸》第二十章："义者，宜也。"《孟子·离娄篇》："义，人之正路也。"归纳起来，共有两种解释：一是"宜"，二是"人之正路"。但人际关系甚多，甲行之而宜，乙行之就不宜。例如，子对父孝，宜也；如父对子也孝了起来，那就不宜了。由甲说来是正路，由乙说来则是歪路。例如，夫妻同床共枕是正路；如果无夫妻名分而同床共枕，那就是歪路了。

那么，宜与不宜，正或歪，该用什么作标准呢？统观圣道，"名"才是唯一标准。

《论语·卫灵公篇》："君子义以为质，礼以行之。"《左传》僖公二十八年："礼以行义，信以守礼。"都说明礼出乎义，不义非礼。至于礼的具体方式，则随时代而异。现代中国的礼，就是国民日常生活的公序良俗中的食、衣、住、行、育、乐及其一般礼节，照行就是守礼。

由上可知，一部《论语》，思想尖端是道，其道是仁道。行仁之方，首在正名，正名之后，即行名下应守之义；行义的具体方法就是守礼。故《论语·颜渊篇》有言："克己复礼为仁。一日克己复礼，天下归仁焉！"

要想把上述思想体系付诸实施，大前提是学了之后立即不断实行，所以，《论语》开宗明义第一章就是"学而时习之"。应学之义固然很多，但有本末先后，所以，第二章紧接着就是"孝弟也者，其为仁之本与"！为学做人，必须意诚，不诚无物，所以，第三章是"巧言令色，鲜矣仁"。处人行事，除孝弟外，还需忠、信，所以，第四章是反省自身，是否既忠且信。仁道的根本——孝、弟、忠、信既立，然后由近及远，泛爱世人，所以，第五、六两章便谈及爱人爱众，进而"老者安之，朋友信之，少者怀之"。为人子弟，果能"入则孝，出则弟，谨而信，泛爱众，而亲仁，行有余力，则以学文"，就是实行仁道的初步。

其后各篇章，都是仁道及其子目的阐扬，或行仁之方，或孔子对时人及弟子之批评，或日常生活之示范。举凡志在修行仁道的君子，果能依此好学力行，皆可成贤作圣也。

《论语》中的人物[①]

○**颜回**(前521—前481年),曹姓,颜氏,名回,字子渊,又称颜渊,春秋末期鲁国思想家,孔门十哲之首(德行科)、孔门七十二贤之首,后世尊称为"复圣"颜子。颜回是孔子最欣赏的弟子,孔子对颜回称赞最多,评其"好学""贤"。可惜,颜回不幸先孔子而去世,这对孔子的打击非常大,也令人无限遗憾。历代儒客文人学士对颜回推崇有加,配享孔子,祀以太牢。

○**曾子**(前505—前435年),姒姓,曾氏,名参,字子舆,鲁国人。孔子晚年弟子之一,儒家学派的重要代表人物,后世尊为"宗圣"、曾子,配享孔庙。曾子在儒学发展史上占有重要的地位,参与编制了《论语》撰写《大学》《孝经》《曾子十篇》等作品。曾子倡导以"孝恕忠信"为核心的儒家思想,"修齐治平"的政治观,"内省慎独"的修养观,"以孝为本"的孝道观,至今仍具有宝贵的社会意义和实用价值。孔子临终托孤,将孙子孔伋(字子思,孔鲤之子)托付于曾参。

[①] 视情况对出现于《论语故事》中的人物作较详细介绍,对《论语》中的其他人物均只简略介绍。

○**子贡**（前520—前456年），姓端木，名赐，字子贡，卫国人。孔子的弟子，名列孔门十哲（言语科）、孔门七十二贤。子贡多才干且雄辩，办事通达，曾任鲁国、卫国的丞相；善于经商，是孔门弟子中的首富，后世认为是儒商的鼻祖，是民间信奉的财神之一。《论语》中对子贡的言行记录较多，孔子评其"瑚琏""达"；《史记》对其评价颇高。

○**冉雍**（前522年—？），字仲弓，鲁国人。孔子的弟子，以品德著称。仲弓与兄冉耕、弟冉求，皆名列孔门十哲之列，世称一门三贤。孔子晚年时，仲弓曾任季康子采邑家臣总管，为政"居敬行简"，主张"以德化民"；后辞职，再跟从孔子。孔子临终时，还夸奖仲弓："贤哉雍也，过人远也。"孔子逝世后，仲弓与诸贤共著《论语》，又独著《敬简集》，惜已失传。

○**仲由**（前542—前480年），字子路，又字季路，鲁国人。孔子的弟子，名列孔门十哲（政事科）、孔门七十二贤，也是"二十四孝"之一，历代受到推崇祭祀。子路刚直勇武，曾陵暴过孔子，孔子对他启发诱导，设礼以教，子路拜孔子为师。孔子周游列国，子路跟随做侍卫。后来做卫国大夫孔悝的蒲邑宰，有突出的政绩，兴修水利，救穷济贫，辖域大治。逢卫国内乱，子路临危不惧，冒死冲进国都救援孔悝，在混战中不幸遇难。孔子评其"果""喭"。

○**冉求**（前522年—？），字子有，通称冉有，尊称冉子，春秋末年著名鲁国学者，孔子最得意的门生之一，名列孔门十哲（政事科）、孔门七十二贤。冉有多才多艺，为人谦逊，长于政事，尤擅理财。前484年，和樊迟率左师抵抗入侵的齐军，身先士卒，取得胜利，趁机说服季康子迎回了在外流亡多年的孔子。他因任季氏家臣，帮助季氏敛财，受到孔子批评。后在孔子教导下逐渐趋近仁德，完善性情。孔子评其"艺"。

○**冉伯牛**（前544年—？），姬姓，冉氏，名耕，字伯牛，鲁国人。孔子的弟子，名列孔门十哲之德行科。为人端正正派，善于待人接物，以德行著称。孔子任鲁国司寇时，冉耕曾为中都宰。

○**宰予**（前522—前458年），即宰我，姬姓，宰氏，名予，字子我，鲁国人。孔子的弟子，名列孔门十哲（言语科）、孔门七十二贤。宰予能言善辩，曾跟从孔子周游列国；常受孔子派遣，出使于齐、楚等国。宰予思维活跃，好学深思，不盲从，善于提问，是孔门弟子中少有的曾正面对孔子学说提出异议的人。

○**漆雕开**（qī diāo kāi，前540—前489年），字子开，又字子若、子修，蔡国人。孔子的弟子，无罪受刑而致身残，为人谦和、自尊、正义和勇敢，博览群书，以德行著称，是漆雕氏之儒的创始人，发展了孔子"性相近""习相远"的学说，提出了"天理"和"人欲"的概念，形成了人性论。

○**闵子骞**（mǐn zǐ qiān，前536—前487年），名损。孔子早年弟子，列名孔门十哲之德行科，亦为孔门七十二贤之一，"二十四孝"之一。孔子评其"孝"。

○**申枨**，字周。孔子的弟子，名列孔门七十二贤；性格刚强好胜，精通六艺。孔子评其"欲"。

○**司马牛**，即司马耕，又名犁，子姓，向氏，字子牛，宋国人。宋国司马桓魋之弟，孔子七十二弟子之一。善言谈，性急躁；拜孔子为师后，坚信儒家学说，反对犯上作乱。前481年，因桓魋专权，司马牛交出封邑，离开宋国。桓魋失败奔卫国，司马牛离卫去齐；桓魋奔齐，司马牛又奔吴；赵国赵简子、齐国陈成子欲用司马牛，但他最后客死于鲁国城门外。典故"司马牛之叹"，即对孑然一身、孤立无援的感叹。

○**言偃**，名偃，字子游。孔子晚年弟子，孔门十哲之一，列文学科。曾任鲁武城宰。

○**卜商**，字子夏。孔子晚年弟子，孔门十哲之一，列文学科。鲁莒父宰。

○**颜路**，名无繇（yóu）。颜渊之父。孔子弟子。

○**曾点**，字皙（xī），曾参之父。孔子弟子，名列孔门七十二贤。孔子评其"鲁"。

○**公西华**，名赤，字子华。孔子早年弟子。

○**有子**，名若。孔子晚年弟子。有若似孔子，众弟子欲以事孔子事之。

○**颛孙师**（zhuān sūn shī），字子张。孔子晚年弟子。孔子评其"辟"。

○**孔鲤**，名鲤，字伯鱼。孔子的儿子。

○**公冶长**，名长。孔子弟子、女婿。

○**南宫适**（nán gong kuò），名绦（tāo），字子容，亦称南宫括、南容、南容适。孔子的弟子，孔子的哥哥孟皮的女婿。

○**宓子贱**（fú zǐ jiàn），即不齐。孔子弟子。孔子评其"君子"。

○**澹台灭明**（tán tái miè míng），字子羽。孔子弟子。

○**樊迟**，名须，孔子弟子。

○**高柴**，字子羔。孔子弟子。孔子评其"愚"。

○**陈亢**，妫姓，字子亢，一字子禽。孔子的弟子。曾做过单父邑宰，施德政于民，颇受后人好评。

○**王孙贾**，春秋时期卫国大夫，孔子的弟子。在卫国与晋国的结盟仪式上，机智勇敢地维护了卫国的尊严。

○**原思**，名宪，字思。孔子弟子。

○**巫马期**，名施。孔子弟子。

○**琴牢**，字子开，一字子张，又称琴张。孔子弟子。

○**颜刻**（kè），孔子弟子。

○**林放**，鲁人，或说是孔子弟子。

○**公伯寮**，公伯氏，名寮。鲁人，或说亦孔子弟子。

○**阳肤**，曾子弟子。

先贤与前人

○**皋陶**（gāo yáo），先贤，舜臣。

○**伊尹**，先贤，商汤臣。

○**羿**（yì），夏朝臣，有穷部落之君，一度篡夏自立，被其臣寒浞（zhuó）杀。善射。

○**奡**（ào），又作浇（ào），寒浞子。后为夏君少康灭。

○**老彭**，先贤。商大夫。

○**微子**，先贤。商纣王之长兄。

○**箕子**（jī zǐ），先贤。商纣王之叔父。

○**比干**，先贤。商纣王之叔父。

○**泰伯**，先贤，周太王长子，吴国创立者。

○**仲雍**，即虞仲，先贤，周太王次子。与兄泰伯共同创立吴国。

○**季历**，周太王三子，周文王之父。

○**周公**，先贤，姬姓，名旦。

○**鲁公**，周公之子伯禽，封于鲁，鲁国第一代国君。

○**伯夷**，逸民，孤竹君之子。

○**叔齐**，逸民，孤竹君之子。

○**周任**，周大夫，古良史。

○**伯达**，周士。

○**伯适**，周士。

○**仲突**，周士。

○**仲忽**，周士。

○**叔夜**，周士。

○**叔夏**，周士。

○**季随**，周士。

○**季骐**（jì guā），周士。

○**夷逸**，逸民。

○**朱张**，逸民。

○**少连**，逸民，东夷之子。仕鲁。孔子称其善居丧。

鲁国人

○**鲁昭公**，姬姓，名稠。

○**鲁定公**，名宋，谥定。哀公父。

○**鲁哀公**，名蒋，谥哀。

○**季康子**，季孙氏，名肥，谥康。鲁大夫。

○**季桓子**，名斯。鲁大夫。

○**季文子**，季孙行父，谥文。鲁大夫。

○**季子然**，季氏子弟。

○**孟僖子**，姬姓，孟氏，名貜（jué），谥僖。鲁国司空，三桓之一。

○**孟懿子**，仲孙氏，名何忌，谥懿。鲁大夫。孔子早年弟子；但因其率先反抗孔子堕都之命，后人不列其为孔子弟子。

○**孟武伯**，名彘（zhì），谥武。懿子之子。

○**孟敬子**，鲁大夫仲孙捷。

○**孟庄子**，鲁大夫仲孙速，献子子。

○**臧文仲**，臧孙辰，谥文。鲁大夫。

○**臧武仲**，即臧孙纥。鲁大夫。孔子评其"知"。

○**孟之反**，名侧。鲁大夫。孔子评其"不伐"。

○**孟公绰**，鲁大夫。孔子评其"不欲"。

○**子服景伯**，子服何，子服氏，字伯，谥景。鲁大夫。

○**叔孙武叔**，名州仇。鲁大夫。

○**阳货**，名虎，字货。本为鲁国大夫季平子的家臣；季氏曾几代掌握鲁国朝政，而阳货这时又掌握着季氏的家政，季平子死后，专权管理鲁国的政事。后来，与公山弗扰共谋杀害季桓子，失败后逃往晋国。阳货属于被孔子在政治上非常鄙视和反对的乱臣贼子。

○**公山弗扰**，公山不狃，季氏家臣，费宰。

○**卞庄子**（biàn zhuāng zi），鲁卞邑大夫。孔子评其"勇"。

○**柳下惠**，展氏，名获，字禽，亦字季。柳下或是其食邑或居处，私谥惠。仕鲁。

○**微生高**，名高，或谓即尾生高。孔子评其"不直"。

○**左丘明**，名明。或谓为《左传》《国语》作者，然依《论语》中孔子的评论，此说大可疑。

○**子桑伯子**，鲁人。

○**师挚**，名挚。鲁乐师。

○**原壤**，孔子故人。

○**孺悲**，鲁人。

齐国人

○**齐景公**，名杵臼。

○**齐桓公**，小白。齐襄公子。

○**公子纠**，齐襄公子。

○**管仲**，名夷吾。齐桓公相。孔子评其器小，不俭，不知礼，仁。

○**晏平仲**，名婴，世称晏子。齐大夫。孔子评其"善与人交"。

○**陈文子**，名须无。齐大夫。孔子评其"清"。

○**伯氏**，齐大夫。

○**召忽**，齐大夫。

○**崔杼**，齐大夫。弑齐庄公。

○**陈成子**，陈恒，齐大夫，弑齐简公。

卫国人

○**卫灵公**，即姬元（前540—前493年），春秋时期卫国国君，六岁即位，在位四十二年；性多猜忌且暴躁，未任用孔子，所以后世评价不高。但卫灵公是同时代君主中的佼佼者，长于识人用人，依靠提拔的孔圉（仲叔圉）、祝鮀、王孙贾三个大臣，卫国得以正常运行。据《孔子家语·贤君第十三》载，鲁哀公自负地问孔子："当今之君，孰为最贤？"孔子却高度评价了卫灵公："丘未之见也，抑有卫灵公乎？（我没见到最贤明的，但卫灵公算是比较贤明的吧？）"哀公就嘲笑灵公宠信南子，孔子回说：灵公在朝堂上做得正确，并举列事实证明，"灵公弟子渠牟，其智足治千乘，其信足以守之，灵公爱而任之；又有士林国者，见贤必进之，而退与分其禄，是以灵公无游放之士，灵公贤而尊之；又有士庆足者，卫国有大事则必起而治之，无事则退而容贤，灵公悦而敬之；又有大夫史（苟），以道去卫，而灵公郊舍三日，琴瑟不御，必待史之入，而后敢入。臣以此取之，虽次之贤，不亦可乎？"

○**南子**，卫灵公的夫人。

○**卫出公**，名辄。卫灵公之孙，卫太子蒯聩（kuǎi kuì）之子。

○**卫公子荆**，卫大夫。孔子评其"善居室"。

○**蘧瑗**（qú yuàn），字伯玉。卫大夫。孔子评其"君子"。

○**孔文子**，即仲叔圉（yǔ），名圉，谥文。卫大夫。

○**宁武子**，宁俞，谥武。卫大夫。

○**祝鮀**（zhù tuó），字子鱼。卫大夫，有口才，治宗庙。

○**棘子成**，卫大夫。

○**公叔文子**，卫大夫公孙拔。

○**僎**（zhuàn），公叔文子家臣，卫大夫。

○**史鱼**，名鳅。卫大夫。孔子评其"直"。

○**公孙朝**，卫大夫。

○**公明贾**，公明氏，名贾。卫人。

郑国人

○**子产**，公孙侨。郑大夫。孔子评其"君子之道"。

○**子西**，子产同宗兄弟。郑大夫。

○裨谌（bì chén），郑大夫。

○世叔，郑大夫。

○子羽，郑大夫。

楚国人

○**子文**，斗氏，名谷於菟。楚令尹（国相）。孔子评其"忠"。

○**叶公**，芈（mǐ）姓，沈尹氏，名诸梁，字子高，春秋时楚国政治家；出身楚国高干家庭，曾任叶地（今河南省叶县）的县长，僭称公。叶公在叶邑曾兴修水利；后人据此传说出故事"叶公好龙"。前479年，楚国发生了白公胜叛乱，叶公率叶地军队前来讨伐，入都城北门，率军勤王，打败白公胜，救出国君主，重振国风，被封为令尹与司马，掌握全国文武大权。叶公不迷恋权位，后让出权位，自己退居叶地，安享晚年。

宋国人

○**桓魋**（huán tuí），向魋。宋桓公之后，宋司马。

○**宋朝**，宋公子，以颜值高著称。出奔在卫。

晋国人

○**晋文公**，晋国国君。

○**佛肸**（bì xī），晋大夫赵简子之邑中牟宰。

○**微生亩**，微生氏，名亩。

译 者 后 记

自五四新文化运动中有人喊出"打倒孔家店"的口号以来，很多人把中国历史上出现的问题和坏事，都简单粗暴地怪罪于孔子和儒家思想文化。但举两个例子，可见大到治国、小到修身，都不能简单化地说儒家不行。我们的邻国日本，从落后挨打通过维新变法而走向富强，其推进明治维新的诸领袖中，有很多人对儒家思想有深入的掌握，甚至是儒家（尤其心学）的铁杆拥趸（dǔn）。伟大的中国科学家杨振宁先生，在初中时代就可以把《孟子》从头到尾背诵出来，里头的儒家思想，对他个人整个的思路有非常大的影响，成为一生做人做事的基本准则。

今天，要实现中华民族伟大复兴，必须弘扬中华优秀传统文化，以《论语》等为代表的儒家思想文化，是我们实现复兴伟业的重要精神文化资源。而读《论语》，可以有多种读法，例如历史读法、哲学读法、文学读法、崇拜读法、批判读法、消闲读法、学习读法……读者可以自由选择。在这里，我诚挚向各位推荐下村湖人所著的这本《论语故事》。

下村湖人（1884—1955），本名下村虎六郎，另有笔名下村虎人，著名的日本作家、教育家、哲学家。少年时即被视为天才诗人，1909年以优异成绩毕业于东京帝国大学（今东京大学）文学科，先后在日本佐贺中学、唐津中学任教师和校长。1925年前往时为日本窃据的中国台湾，出任台中第一中学校长，1929年任台北高等学校（今台湾师范大学）校长，1931年辞职回日本，专事社会教育活动、自由演讲和写作，继续追求对于青年的社会教育之理想。

下村湖人之道德文章，皆有声望。其个性刚强耿介，信力坚定，谨慎严厉，兼具武士道及儒家思想，重视规律和秩序，又具有自由主义和反战思想，是能勇敢撰文批评日本军国主义的少数学者之一。于文教事业大有贡献，可谓桃李满天下。著作《下村湖人全集》达十八卷之多，其中的《论语故事》自1938年问世以来，坊间再版重印不绝，对日本影响甚大，特别有功于日本在二战后的重建和复兴，已成为日本汉学的经典著作。《论语故事》自翻译为中文以来，在中国海峡两岸暨香港、澳门亦广受欢迎。今中文简体字本出版，借此再拉杂地扯上数语——

下村湖人在台湾六年的经历，让他对中国文化有了从书籍接受到实地生活体悟的认知升华。下村湖人体认到，《论语》既是探索天道、引领理想的"昊天之书"，更是行走大地、实践人生的"大地之书"。所以，他秉持以心交心的真诚态度，超越历史、穿越时空，通过创作《论语故事》，走进孔子的世界，用几十个如情景剧一般生动精彩的故事，塑造了孔子及其门人弟子的群像，展现孔子的"求道之路"，表达了对于孔门人物和儒家文化光辉的赞美。

《论语故事》中的故事可以当成小说看，但故事和思想的来源，却绝非凭空虚构的，而是作者精研《论语》，悉心揣摩体悟，扎实地以《论语》章句为根基主干，参考其他史料文献，尽力阐发《论语》的真实意义和孔子的不朽思想。作者想象丰富、语言精妙和心理分析细致入微，栩栩如生地再现了两千五百年前孔子和门人弟子的音容情貌、气质精神，使本书具有高度的可读性、亲切感，颇适应现代人的阅读口味和理解力，启人深省、震撼人心。

孔子的人生是平凡而又非常不平凡的。"孔子，圣之时者也。"孔子所创立的儒家思想，一直是世界上特别是东亚地区人们的宝贵的精神财富，其中有恒久的价值，也能与时俱进地得到创造性转化、创新性发展。下村湖人说："写作这部《论语故事》中，我更多地把孔子的门人弟子当作能出现在我们周围的普通人，而不是两千年前的中国古人。"这样的描写，是为了让读这本故事集的普罗大众，能够像孔子门人弟子一样，在人生中去追随、去践行孔子《论语》的理想。

学者本人的性格、学识和修养往往也或多或少地会影响到其对经典的解读。《论语故事》中，孔子一般显得比较严厉，这当然有《论语》文本的根据，例如，"子温而厉，威而不猛，恭而安。"（《述而篇》）"子夏曰：'君子有三变：望之俨然，即之也温，听其言也厉。'"（《子张篇》）这个"厉"字历来的通行解释是"严厉""严正"。下村湖人的演绎可说是中规中矩。但《论语》这部经典的一个伟大之处在于有恒久的价值和智慧，今日再深究孔子的教学方法，更为确切的解释是"厉"同"励"，义即勉励、激励、振奋、奋勉、劝勉（竟然与现今的教学理念如此契合！）。《说文解字》："厉，旱石也。"《玉篇》："厉，磨石也。"引申为磨砺、黾勉、勉励等义。《论语》之前的古籍中，《易经》六十四卦有二十一个卦出现了"厉"字，如渐卦初六爻辞："鸿渐于干，小子厉，有言，无咎。"象辞："小子之厉，义无咎也。""厉"字意即勉励。《论语》之后的古籍中，这样的用法很多，例如，"坚甲厉兵以备难。"（韩非《韩非子·五蠹》）"故明主厉廉耻，招仁义。"（《韩非子·用人》）"然而未云获者，士素不厉也。"

（董仲舒《举贤良对策》）"太常其议与博士子弟崇乡党之化，以厉贤才焉。"（班固《汉书·武帝纪》）"其赦天下，与士大夫厉精更始。"（《汉书·宣帝纪》）"明日，（田单）乃厉气循城，立于矢石之所，援枹鼓之，狄人乃下。"（刘向《战国策·齐策》）"（国）得士者富，失士者贫。矫翼厉翮，恣意所存。"（扬雄《解嘲》）"臣（诸葛亮）……亲秉旄钺，以厉三军。"（陈寿《三国志·蜀书·诸葛亮传》）等，而词语则有厉翼（奖励辅佐之臣）、厉节（激励其气节）、厉诚（激励忠诚）、厉武（振奋武备）、厉世（激励世人）、厉志（激励意志）、厉俗（激励风俗）、厉崇（勉励推重）、厉抚（勉励抚慰）、励精图治等。

当代大儒爱新觉罗·毓鋆（yù yún，1906—2011）先生，历经时代风云，讲学六十多年，坚定主张研习儒家的思想要学以致用，要知行合一，要融入自己的生命，让它在人生中、在社会上发生作用。毓老自述立身处世，终生守《易经》乾卦之"初九，潜龙勿用"一爻。孔子对这一爻有解释，大意是有龙德的人，能坚守自己的原则，不受流俗改变，不求庸俗名利，平凡隐居也不改初心、不会郁闷。愿有识有志之士像毓鋆先生、杨振宁先生一样，珍重吸取《论语》等中华优秀传统文化典籍里的精华营养，古为今用。

拙译以日本讲谈社1995年出的学术文库版为底本，这次修订并遵照出版方意见而整理补充了附录资料，敬请高明不吝赐正。愿拙译能为弘扬中华优秀传统文化，推动中国学术繁荣、文化发展、社会进步、民族复兴贡献力量！

译　者

庚子夏末于清河至博陵道中

·人与经典文库·

图书·音视频·讲座
敬请关注

毓老师作品系列

毓老师说论语（修订版）	爱新觉罗·毓鋆 讲述
毓老师说中庸	爱新觉罗·毓鋆 讲述
毓老师说庄子	爱新觉罗·毓鋆 讲述
毓老师说大学	爱新觉罗·毓鋆 讲述
毓老师说老子	爱新觉罗·毓鋆 讲述
毓老师说易经（全三卷）	爱新觉罗·毓鋆 讲述
毓老师说（礼元录）	爱新觉罗·毓鋆 讲述
毓老师说吴起太公兵法	爱新觉罗·毓鋆 讲述
毓老师说公羊	爱新觉罗·毓鋆 讲述
毓老师说春秋繁露（上下册）	爱新觉罗·毓鋆 讲述
毓老师说管子	爱新觉罗·毓鋆 讲述
毓老师说孙子兵法（修订版）	爱新觉罗·毓鋆 讲述
毓老师说易传（修订版）	爱新觉罗·毓鋆 讲述
毓老师说人物志（修订版）	爱新觉罗·毓鋆 讲述

刘君祖作品系列

易经与现代生活	刘君祖
白话易经	刘君祖
易经密码全译全解（共九辑）	刘君祖
易断全书	刘君祖
刘君祖经典讲堂（全十卷）	刘君祖
人物志详解	刘君祖
春秋繁露详解	刘君祖
孙子兵法新解	刘君祖
鬼谷子新解	刘君祖

许仁图作品系列

| 一代大儒爱新觉罗·毓鋆 | 许仁图 |

说孟子	许仁图
哲人孔子传	许仁图
毓老师讲学记	许仁图
子曰论语（上下册）	许仁图

吴怡作品系列

中国哲学史话	张起钧　吴　怡
禅与老庄	吴　怡
逍遥的庄子	吴　怡
易经应该这样用	吴　怡
易经新说——我在美国讲易经	吴　怡
老子新说——我在美国讲老子	吴　怡
庄子新说——我在美国讲庄子	吴　怡
中国哲学关键词50讲（汉英对照）	吴　怡
哲学与人生	吴　怡
禅与人生	吴　怡
整体生命心理学	吴　怡
碧岩录详解	吴　怡

辛意云作品系列

论语辛说	辛意云
老子辛说	辛意云
国学十六讲	辛意云
美学二十讲	辛意云

名师精讲通识课堂系列（80种）

左　传	张高评
史　记	王令樾
大　学	杨　鹏
中　庸	杨　鹏
老　子	吴　怡
庄　子	吴　怡
论　语	辛意云
韩非子	高柏园

易经·系辞传	吴怡
说文解字	吴宏一
孟子	袁保新
荀子	周德良
礼记·孝经	庄兵
管子	高柏园
淮南子	陈德和
传习录	高柏园
唐诗三百首	吕正惠
乐府	曾守正
古文观止	陈仕华
庭训格言	周彦文
聊斋志异	黄丽卿
诗经	王令樾
汉书	宋淑萍
墨子	辛意云
红楼梦	叶思芬

其他

易经哲学精讲	高怀民
易经与中医学	黄绍祖
论语故事	（日）下村湖人
汉字细说	林藜
新细说黄帝内经	徐芹庭
易经细讲（上下册）	徐芹庭
易经与管理	陈明德
周易话解	刘思白
汉字从头说起	吴宏一
道德经画说	张爽
史记的读法	阮芝生
论语的读法	崔正山